고고학의 기밀문서

숨겨진 유적 사라진 보물 잃어버린 고대문명의 흔적들

고고학의 기밀문서

숨겨진 유적, 사라진 보물, 잃어버린 고대문명의 흔적들

루크 베르긴 지음 | 장혜경 옮김

도서
출판 사람과사람

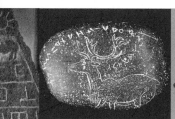

차 례

진기한 생물

불가사의한 유적지

이 책은 대단히 위험하다

이 책은 대단히 위험하다. 인류 문명에 대한 일반인의 지식이나 선입견을 완전히 폭파시킬 만큼 강력한 다이너마이트가 들어 있다. 아니, 도화선에는 이미 불이 붙은 상태이다. 무엇보다도 먼 옛날의 우리 인류는 오늘날 우리가 상상하는 것보다 훨씬 진보한 생명체였음이 속속 밝혀지고 있기 때문이다. 만일 지금 밝혀지고 있는 고고인류학적 단서들이 사실로 확인된다면 가히 인류문명사를 다시 써야 할 것이다.

이 책은 인류 문명에 대한 어떤 가설이나 결론을 도출하기 위한 책이 아니다. 그저 질문을 던질 뿐이다. 물론 그것은 여러분이 알고 있는 고고학적 지식이나 인류 문명에 대한 고정관념을 뒤흔들어 놓을지 모른다. 고정관념이 판치는 곳에는 체제가 지배하기 마련이다. 따라서 누군가 나서서 은폐된 진실을 파헤치고 강요당한 침묵을 떨쳐버려야 한다.

인류 문명에 관한 학자들의 책을 읽다 보면 화가 치밀어 오를 때가 많다. 똑같은 설명에 똑같은 사진뿐이다. 판에 박힌 일률적인 학설과 그에 어울리는 박제된 과거만이 진열되어 있다. 의문부호 하나 없다는 점도 똑같다.

물론 우리와 같은 아마추어 학자들이야 그런 정보라도 감사한 마음으로 받아들여야 할 것이다. 인류 문명에 대한 밑그림을 그릴 수 있는 것도 그 정보 덕택이기 때문이다. 그리고 지식은 안정을, 안정은 마음을 편하게 해주며, 마음이 편안한 사람은 쓸데없는 질문을 던지지 않는 법이라는 것쯤은 누구나 알고 있다.

하지만 현실로 눈을 돌려보자. 전 세계의 수많은 고고학연구소 창고에 센세이셔널한 유물들이 꿈틀거리고 있다면, 아니 방치된 채 녹슬고 있다면 어떻게 할 것인가. '위조품'이라는 전문가들의 꼬리표 한 장으로 일반인들의 시야를 벗어난 발굴물들이 상자 속에 포장된 채 그냥 망각의 어둠 속에 묻혀 있는 현실을 어떻게 인식할 것인가.

남미 아마존의 잉카 유적지인 티아후아나코나 사크사우아만이란 지명은 어느 책에나 등장한다. 하지만 온천도시로서 세계적으로 유명한 프랑스 비시 근교의 베일레르 글로젤에서 발굴된 기원전 1만 5000년~1만 7000년경의 유물에 관해 설명한 책은 거의 없다. 일본열도 해안의 수중 피라미드나 멕시코의 아캄바로에서 출토된 공룡 토우들도 마찬가지이다. 세계 7대 불가사의의 하나인 이집트 기자의 대피라미드에는 지금까지 알려지지 않은 비밀스런 방이 있다는데, 그 진실의 실체는 아직 베일에 덮여 있다.

보통 사람들이 손쉽게 접할 수 없는 전문지나 추론에 불과한 몇몇 책들을 제외하면 이런 고고학적 발굴물에 대해서는 일반인들의 접근이 철저하게 통제되어 왔다. 아니, 무시되어 왔다. 이유는 단 하나이다. 질문을 던지기 때문이다.

필자 역시 이런 질문에 대해 답변할 위치에 있지 않다. 그것은 학자들이 해야 할 몫이다. 필자로서는 일반인들과 똑같이 문제를 제기할 따름이다.

이 책에 실린 사진 중에는 세상에 처음 공개되는 것들이 많다. 필자로서는 이 사진들을 수집하기 위해 참으로 많은 인내심을 발휘했고 끝없는 설득 작업을 펼쳤다. 감춰진 발굴물이나 자료에 다가가면 갈수록 해당 분야의 학자나 연구소로부터 듣는 답변은 천편일률적이다.

"그런 유적지는 처음 듣는 데요."

"문의하신 유물은 몇 십 년 전에 위조품으로 밝혀졌습니다."

아예 답변을 거부하는 데도 있었다. 결국 필자의 작업을 도와 줄 곳은 아무 데도 없었다. 전문서적 역시 미흡했다. 오히려 아마추어 연구자들과 기자들의 도움이 컸다.

　이 책에 수록된 고대 유물과 유적 사진들은 그들과 몇몇 개방적인 학자들의 덕택임을 밝힌다. 특히 히메나 라소 알바레스, 에리히 폰 데니켄, 그렉 데이어맨지언, 울리히 도파트카, 부르카르트 엥에서 박사, 요하네스 피바크, 루트 그레마우트, 에반 한센, 하르비히 하우스도르프, 미햐엘 헤제만, 한스 루돌프 히츠, 해리 허바드, 프랭크 조셉, 마사키 기무라, 발터 외르크 랑엔바인, 로버트 릴리스, 홀거 프로이쇼프트, 클레멘스 폰 라도비츠, 파울 샤프랑케, 제임스 쉐르츠, 발레리 우바로프 등에게 진심으로 감사의 뜻을 전한다.

저자는 왜 결론을 내리지 않을까

　　인간의 유전자를 해독하고 우주를 제집 드나들듯 오갈 수 있다
고 기대하는 세상에서 수 백만 년 전의 항아리 하나가 무슨 의미
가 있을까. 과거의 유물에서 우리의 문명을 능가하는 뛰어난 기
술의 흔적을 발견했다고 해서 달라질 것이 무엇인가. 우리 조상
들이 우리가 생각했던 것보다 훨씬 똑똑한 사람이었다고 해서,
지금 우리가 알고 있는 역사의 그림이 왜곡된 것이라 해서 흥분
해야 할 필요가 있을까.

　　우리의 역사관은 기본적으로 진보사관이다. 세상에 태어나 아
무런 생명 유지의 능력도 없던 인간이 고개를 바로 들고 걸음마
를 배우고 글자를 익히고, 나아가 세상에 기여할만한 업적을 쌓
듯, 인류의 역사 또한 오랜 세월 동안 진보를 거듭해 왔다. 까마득
한 인류의 조상들은 말 한 마디 못하고 고작 소리나 꽥꽥지르는
털 없는 원숭이에 불과했으며 그러던 무식한 인간들이 서서히 도
구 사용법을 익히고 집을 짓고 기술을 개발하여 마침내 찬란한
문명을 이루어 낸 것이라고 말이다.

　　인류의 역사를 이런 눈으로 바라보면 현재는 역사 이래 최고의
기술 수준과 문명 수준을 이룩한 시대이다. 그리고 세월이 갈수

록 인류는 더욱 진보할 것이며 더욱 찬란한 문명을 일구어 낼 것이다. 인류의 미래는 밝고 인간은 못할 것이 없는 이 지구의 제왕이다.

과연 그럴까. 이 책이 우리에게 던지는 질문도 바로 이것이다. 우리의 역사는 우리의 믿음처럼 지속적인 진보의 역사였던가. 정말 그렇다면 수 천 년 전, 아니 수 백만 년 전의 유물에서 발견되는 고도의 문명의 흔적은 과연 어떻게 해석해야 하는가.

이 책에 소개된 갖가지 유물과 유적은 우리 조상들이 우리가 생각했던 것보다 훨씬 뛰어난 인간이었음을 입증하고 있다. 기계를 사용하지 않고서는 도저히 운반할 수 없는 무거운 돌을 너무나 손쉽게 옮겨와 도구를 만들었고, 현대 기술을 사용했을 법한 날렵한 구멍을 뚫었고, 심지어 이집트에서는 전구처럼 생긴 물건의 그림이 발굴되었다. 비행기를 타고 한참을 달려도 끝나지 않는 신비한 도형들이 평원 가득 흩어져 있고, 중국의 고분에는 엄청난 양의 인물상이 묻혀 있다. 그런가 하면 정체를 알지 못할 신비한 생물의 그림이 출토되고 거인의 발자국이 발견되었다.

이 모든 사실은 우리의 역사관을 뒤흔든다. 조금씩 발걸음을 내디뎌 수많은 세월을 거치면서 발전해 왔다는 믿음을, 바다로 나누어진 대륙들 사이에는 유럽인들이 큰 배를 타고 모험을 찾아 떠나기 전까지는 아무런 연락도 접촉도 없었다는 믿음을, 우리 학자들은 우리에게 좀더 많은 사실을 알려주기 위해 불철주야 노력하고 있다는 믿음을 뒤흔든다. 더 나아가, 현대 문명은 세상의 신비를 거의 다 밝혀냈다는 자부심을, 인류는 무궁한 발전을 향해 나아가고 있다는 확신을, 현대의 기술문명에 대한 전폭적인 신뢰를 뒤흔들고 있다.

"아무런 대답도 주지 않겠다"고 선언한 이 책의 의도는 바로 이것이다. 질문을 던지고 물음표를 찍고 인류의 믿음을 흔들리게 하는 것. 때문에 이 책의 저자는 유물의 주인이나 신비한 생물의 정체를 정확하게 결론짓지 않는다. 그의 할 일은 의문부호가 가득한 세상의 실체를 보여주는 것이며 그 의문부호에 마침표를 찍는 것은 바로 우리들의 몫이기 때문이다.

너무 진지한 주제라고?

뭔지 모르겠지만 골치 아프고 심각한 책 같다고?

그런 걱정을 하는 독자들을 위해서 이 책은 이론서가 아님을 밝혀두어야겠다. 지금까지 역사 교과서에서 한 번도 본 적 없는 인류의 과거를 소개하고, 성경 속에 숨어 있는 코드의 비밀을 들려주고, 멸종했다고 알려져 있는 원시인의 생존 흔적을 추적하면서 이 책은 우리의 호기심을 끊임없이 자극한다. 뭔가 새로운 탐구거리가 필요한 독자라면 심오한 고고학 이론이 없어도 흥미진진하게 읽을 수 있지 않을까 한다.

기존 학설이 흔들리고 있다

일찍이 칼 콜렌베르크는 "19세기의 학문은 당시의 자료를 바탕으로 분명하고 일목요연한 체계를 세워 모든 것을 쓰기 편하게 서랍 속에 정돈했다. 그날 이후 현대 학문은 이런 성과를 절대 포기하려 들지 않는다"고 말했다.

오레오피테쿠스 전문가의 명예회복

1997년 10월의 어느 날, 스위스의 바젤 자연사박물관에서 만난 인류학자 부르카르트 엥에서는 무척 상기된 표정이었다. 아마도 스페인 사바델 고생물학연구소의 연구로 스승인 요하네스 휘르첼러 교수의 명예가 회복되었기 때문이리라.

휘르첼러 교수는 일찍이 오레오피테쿠스가 발견되었던 이탈리아 토스카니 탄광의 지

오레오피테쿠스 전문가인 요하네스 휘르첼러 교수는 생전에 자신의 업적을 인정받지 못했다.

16

하 2백 미터 갱도 천장에서 오레오피테쿠스의 완벽한 전신 골격을 발굴하여 화제를 일으켰던 인류학자였다. 그는 그 유골에서 인간에게만 발견되는 여러 특징들, 특히 골반의 폭이 넓고 송곳니가 작은 것 등으로 미루어 인류의 한 곁가지라고 주장하면서 직립 보행했음이 분명하다고 했다.

하지만 당시 학계는 그의 해석에 대해 비웃음과 조롱만을 보냈다. 우선 뼈를 연대 측정한 결과, 지질시대 중 신생대 제3기 초인 중신세中新世로 밝혀졌는데, 그 시대에는 코끼리, 말, 코뿔소 등의 조상인 고생물들이 존재했을 뿐 고등영장류는 있지 않았다면서 오레오피테쿠스를 인간과 연결지을 수 없다고 했다.

그러나 사바델 고생물학연구소의 두 인류학자(마이케 퀼러와 살바도르 모야 솔라)는 오레오피테쿠스를 멸종한 유인원으로 파악하고 그것이 가지고 있던 인류와의 유사한 특징들은 병행 발전의 결과라고 해석했다. 말하자면 오레오피테쿠스가 인류의 가까운

요하네스 휘르첼러 교수가 이탈리아 탄광에서 발견한 오레오피테쿠스의 뼈

위 사진은 1924년 남아프리카에서 발견된 오스트랄로피테쿠스 아프리카누스. 아래 사진은 '루시'라 불리는 여성 오스트랄로피테쿠스

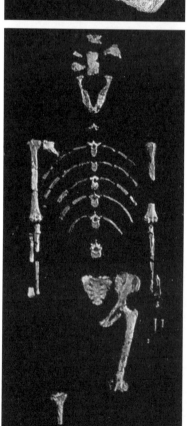

친척은 아닐지언정 직립 보행했다는 휘르첼러 교수의 주장을 확인시켜준 것이다. 다만 두 사람은 유골의 연대를 700~800만 년 전으로 추정하여 휘르첼러의 주장보다 훨씬 뒤로 계산했다.

그렇다면 오레오피테쿠스가 멸종한 이유는 무엇일까. 엥에서는 스승의 견해를 빌어 다음과 같이 해석했다.

"해부학적으로 볼 때, 오레오피테쿠스의 진화는 주로 섬 지역에서 진행되었다. 그런데 500만 년 전에 이르러 그들이 살던 섬이 육지와 연결되자 진화과정에서 도피 본능을 상실했고, 결국 다른 육식동물들의 먹이감이 되어 멸종하고 만 것이다."

전 세계적으로 볼 때, 휘르첼러 교수의 복권은 특별한 케이스가 아니다. 선사시대에 대한 우리의 고정관념을 수정하기 위해 수많은 연구자들이 사기꾼 취급을 당하면서 연구를 멈추지 않고 있다. 그에 따라 지구 곳곳에서는 세상을 놀라게 하는 보도가 끊이지 않고 있다. 몇 달에 한 번씩 새로운 화석을 발굴했다는 소식이 들린다. 그들은 화석을 새로 발견할 때마다 기존 학설을 바꾸고 연대를 고치면서 보잘 것 없는 퍼즐 조각을 맞추려 애쓴다. 하지만 이내 또 다른 발굴물이 등장하여 그 학설을 뒤엎는다. 학설의 유효기간이 점점 짧아지고 있는 것이다.

유효기간이 짧아지는 기존 학설

지난 몇 년간의 사례를 살펴보자. 1994년 독일의 「슈피겔」지는 지금으로부터 3백50만 년 전에 살았던 것으로 추정되는 여성 오스트랄로피테쿠스인 '루시'에게 새로운 경쟁자가 생겼다고 보도했다. 미국 버클리대학의 조사연구팀이 에티오피아의 수도 아디스아바바로부터 북동쪽으로 약 2백25킬로미터 떨어진 사막에서 4백40만 년 전의 것으로 추정되는 직립원인의 화석을 발견한 것이다. 「슈피겔」지는 이 발굴팀의 책임자인 화이트 교수의 말을 빌어 "지금까지 발견된 원숭이와 인간의 공동 조상 중에서 가장 오래된 유골"이라고 전했다.

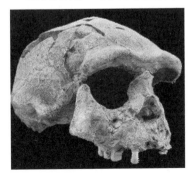
180만 년 전의 것으로 추정되는 자바원인의 두골

또 인도네시아 자바섬의 트리닐에서 발견된 호모 에렉투스의 뼈 조각은 당초 추정했던 70만~100만 년 전보다 훨씬 오래된 180만 년 전의 것으로 밝혀졌다. 알제리의 테르니페네, 탄자니아 북부 세렝게티평원 동부에 있는 올도바이 협곡과 케냐의 투르카나호 동쪽 기슭의 쿠비포라, 모로코, 잠비아의 카브웨(브로컨힐), 그리고 엘란드스폰테인, 하스 동굴, 은두투호, 오모 등지에서 잇달아 발견되어 호모 에렉투스의 '본적지'로 추정되었던 아프리카의 뼈 조각들보다 훨씬 오래되었음이 밝혀진 것이다. 이러한 사실을 전한 「우니버지타스」지는 1995년 1월호에서 인류의 진화단계상 오스트랄로피테쿠스에서 호모 에렉투스로 이어지는 중간 단계에 또 다른 존재가 있었음이 확인되었다고 전했다.

같은 해 4월 27일, SDA통신은 미국 뉴저지주의 루트거대학 인류학자들이 에티오피아에서 260만 년 전의 것으로 추정되는 석기를 발굴했다고 보도했다. 지금까지는 150만~200만 년 전에 호모 하빌리스가 출현했을 때부터 인류가 두 발로 능숙하게 걸어 다녔으며 정확한 손놀림으로 도구를 다루었다는 것이 정설이었는데, 이 석기 발굴로 인류의 도구 사용 시기는 약 50만 년 정도 앞당겨지게 되었다는 것이다.

1995년에는 중국 산시성山西省에서 지금까지 전혀 알려지지 않았던 영장류 화석을 발굴했다. 연대를 측정해 보니, 약 4000년 전의 것으로 추정되었다. 놀라운 사실은 이 영장류의 크기가 쥐보다 크지 않다는 점이다. APA통신은 1996년 4월 5일 미국 펜실베이니아 피츠버그에 있는 카네기 자연사박물관의 크리스토퍼 버드 박사와 회견한 내용을 전하면서, 이 생명체가 다른 영장류들보다 약 500만 년 정도 앞서 지구에 살았던 것으로 추정된다고 밝혔다.

이밖에 우리들이 알고 있는 인류의 진화 연대가 속속 앞선 시대로 옮겨가고 있다. 예컨대, 지금까지 우리들은 1908년 독일 하이델베르크에서 남동쪽으로 9.5킬로미터 지점에 위치한 마우어의 커다란 모래구덩이에서 발견된 턱뼈(하이델베르크인)가 유럽대륙에서 가장 오래된 인류의 유골 조각으로 알고 있었다. 이 턱뼈는 약 50만~70만 년 전의 것으로 추정되었다. 하지만 스페인의 오르세에서 160만 년 전의 것으로 추정되는 두개골 조각이 발견됨으로써 인류가 유럽에서 살기 시작한 시기가 지금보다 훨씬 더 먼 과거로 밝혀졌다(「과학의 그림」 1995년 11호).

인류의 등장 시기가 점점 빨라지는데…

아시아 대륙에서도 인류가 등장한 시점이 기존 상식보다 훨씬 앞서는 것으로 밝혀졌다. 미국 아이다호대학과 북경 고대인류학 연구소의 합동조사팀은 중국 시추안山川의 양자강 남쪽 20킬로미터 지점인 안후이성安徽省에서 호모 에렉투스의 유물을 발견했는데, 그 연대가 적어도 190만 년 전의 것으로 추정되었던 것이다(「바즐러 차이퉁」 1995년 11월 22일자).

호주 대륙에서도 마찬가지였다. 그 동안 호주 원주민들은 4만 ~7만 년 전에 아시아에서 이주해 왔다고 알려졌는데, 오스트레일리아 북부에서 발견된 석기는 이보다 10만 년 전인 17만 6000년 전에 인류가 살았음을 보여주고 있다(「바즐러 차이퉁」 1996년 9월 23일자).

그런가 하면, 중국 구이저우貴州대학과 미국 캘리포니아대학 합동연구팀은 1921년 베이징 근교의 저우커우뎬周口店에서 발견된 소위 북경원인의 뼈 조각이 지금까지 알려진 20만~30만 년 전의 것이 아니라 적어도 40만 년 전의 것이라고 주장했다. 그 동안 북경원인은 '피테칸트로푸스' 또는 '시난트로푸스' 등으로 불렸는데, 이제 홍적세 중기를 살았던 호모 에렉투스로 불릴 수 있게 된 것이다(1996년 5월 2일자 APA통신).

또 에티오피아 북부지방에서 발견된 위턱은 인류의 나이를 40만 년 전으로 늘여놓았다(1996년 11월 20일 APA통신). 그리고 독일 니더작센주 쉬닝겐에 위치한 갈탄 노천광산에서 발견된 나무창 세 자루는 40만~38만 년 전의 것으로, 같은 장소에서 발견된 부싯돌과 홈이 패인 나무연장 역시 세계에서 가장 오래된 복합연장의 유물인 것으로 추정되었다. APA통신은 1997년 2월 27일 쉐필드대학 로빈 도넬 박사의 말을 인용보도하면서 "인류의 조직적인 수렵생활이 약 40만 년 전에 현생인류의 등장과 더불어 시작되었다는 학설은 수정되어야 한다"고 했다.

한편, 오스트레일리아의 고생물학자들은 인도네시아 플로레스섬에서 발견한 석기가 적어도 80만 년 전의 것으로 추정된다고 했다. 이들의 주장을 믿는다면, 당시 호모 에렉투스는 바다를 건너는 능력을 갖고 있었다고 할 수 있다. 지금까지 인류가 배를 만들기 시작한 때가 약 6만 년 전으로 추정해온 데 비하면 놀라운 사실이 아닐 수 없다(「팩츠」 1998년 11호).

이렇듯 오늘날 고고학에 대한 우리들의 지식은 하루가 다르게 변하고 있다. 우리 선조들이 감히 상상조차 못했던 사실들이 자꾸 추가되고 있는 것이다.

마침내 독일 함부르크의 고고학자 헬무트 치게르트는 호모 에렉투스에 대한 우리의 학설을 근본적으로 수정할 것을 제의하기도 했다. 리비아에서 발견된 장신구로 미루어 볼 때, 그 동안 우리들은 너무나 오랫동안 호모 사피엔스 이전의 인류에 대해 무시해 왔다는 것이다. 그는 호모 에렉투스가 이미 정착생활을 영위했으며 언어를 사용했다고 주장한다. 지금까지 우리가 생각했던 것보다 '훨씬 세련된 문명인'이었다는 것이다.

예를 들어, 호모 사피엔스 초기 형태에 속하는 원인原人인 네안데르탈인을 보자. 교과서나 교재를 보면, 그들은 꽥꽥 소리나 지르는 조잡한 생물이었던 것처럼 묘사되고 있다. 그러나 1995년 고생물학자 빌프리트 로젠달은 3만 년 전에 멸종한 네안데르탈인이 "우리처럼 말을 했고 고도로 발달된 사회 문화를 보유했다"고 주장했다. 그는 네안데르탈인을 가리켜 '유럽인의 직계 조상'이라고까지 지칭했다.

로젠달의 주장은 슬로베니아 이드리야 근처에서 발견된 유물을 통해 뒷받침되고 있다. 류블랴냐 과학아카데미의 이반 투르크 박사가 네안데르탈인이 사용했던 동굴에서 4만 3000~8만 2000년 전의 것으로 추정되는 피리를 발굴한 것이다. 음악을 연주하는 네안데르탈인이라니…. 이 얼마나 멋진 그림인가.

국제선사시대벽화위원회의 쟝 클로테 회장은 "네르데르탈인들은 오늘날의 우리들만큼 현명하기도 했고 우둔하기도 했다. 털가죽을 입은 그들에게 신사복을 입히고 넥타이를 매주고 나서 사람들이 북적대는 거리에 서 있게 한다면 아무도 그들을 특별난 인간이라고 여기지 않을 것이다. 그만큼 우리들과 똑같다"고 했다. 선사시대에 살았던 인류의 조상들은 원시적이었다는 우리의 고정관념을 뜯어고치자는 주장이었다.

그의 주장은 어디에 근거를 둔 것일까. 프랑스 남부 론알프 지방의 아르데슈에서 발견된 동굴벽화이다. 이 동굴벽화는 전 세계의 어느 동굴벽화와 비교해도 예술적으로 전혀 손색이 없을 뿐더러 3만 1000년 전의 것으로 추정되어 세계에서 가장 오랜 벽화로 인정받고 있다. 이 동굴벽화 때문에 학계에서 한바탕 소란이 일어났던 것도 놀랄 일은 아니었다. 인류의 문화발전이 지속적으로 진행되어 왔다는 지금까지의 믿음이 이 동굴벽화로 완전히 무너진 것이다.

인류 역사를 보여주는 유물은 고작 5천여 점

일반적으로 고대인류학자들은 기존 학설의 연대를 수정하는 데 비교적 소극적이다. 가령, 독일 프라이부르크에 있는 알베르트 루드비히대학 고대사연구소의 미햐엘 회퍼 박사는 다음과 같이 말했다.

"고고학 발굴 기술과 연대측정 기술이 발달됨에 따라 발굴물의 연대 확인이 종전보다 정확해졌다. 그 결과, 과거에 발굴된 유물들도 발굴 당시에 추정했던 것보다 훨씬 앞선 시대의 것이라는 사실이 확인되는 경우가 잦아졌다. 하지만 인류의 조상을 연구하고 그들이 살았던 시대를 확인하는 연구에서 10만 년 정도 차이가 나는 것은 대수롭지 않은 일이다."

취리히대학의 인류학자 페터 슈미트 교수의 말처럼, 몇 십 년 동안 똑같은 학설이나 이론을 강조하다 보니 자신의 견해가 옳다는 확신에 빠지게 되고, 결국 새로운 견해나 이론을 수용하기 힘들기 때문일까. 분명히 이들은 학식으로 볼 때 뛰어난 학자들이다. 하지만 기존의 틀에 얽매여 있고 보수적인 성향이 짙다는 그 점이 오히려 학문 발전에 걸림돌로 작용한다. 이들이 새로운 고고학적 발굴물의 가치를 판단할 때, 최종적인 판단을 내리기 때문이다. 슈미트 교수의 주장에 따르면, 우리가 인류 조상에 대해 알고 있는 지식은 '코끼리 다리를 더듬는 수준'에 불과하다. 예컨대, 학자들이 인류 역사를 재구성하는 증거라고 하여 제시하는

1994년 발견된 프랑스의 아르데슈 동굴벽화 그림들. 세계에서 가장 오래된 3만 1000년전의 것으로 추정된다.

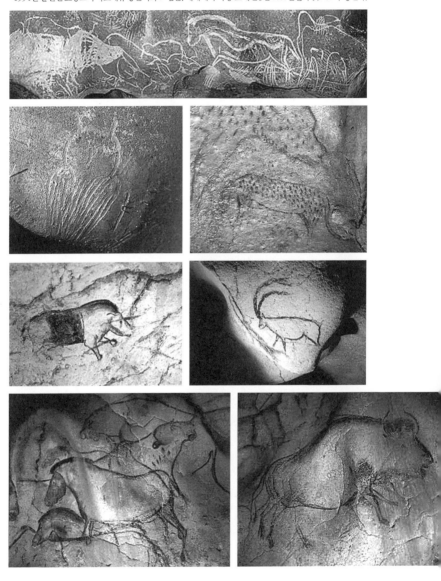

유물은 화석 5천여 점이 전부인데, 그것마저 시대적으로, 그리고 발굴 장소가 특정 지역에 편중되어 있다. 특히 800만~400만 년 전의 유물은 12개에 불과하고 모두 모아봤자 구두상자 하나에 들어갈 정도의 작은 것들뿐이다.

400만 년에 걸친 인류의 진화과정을 증명해 줄 수 있는 유물이 12개에 불과하다는 사실은 정말 충격적이다. 이 정도의 유물로 재구성한 인류 계보를 정말 믿어야 하는 것일까.

물론 학계 인사라고 해서 모두 다 경직되어 있지는 않다. 상당 수의 소장학자들은 제도권으로부터 '이단자'라는 낙인이 찍히는데 구애받지 않고 인류 계보를 재구성하고자 애쓰고 있다. 그들은 논란의 여지가 많은 새로운 발굴물에 대해 공개적으로 토론하기를 꺼리지 않는다. 하지만 이미 수십 년 전에 가치 없는 것으로 이미 판정된 유물에는 이들의 손길이 미치지 못하고 있다. 그런 유물들은 지금도 대학이나 연구소의 창고 한쪽 구석에서 뒹굴고 있다.

예외가 있기는 하다. 미셸 크레모와 리챠드 톰슨은 세인의 관심에서 사라진 과거의 유물들을 기록으로 남기려고 노력

1900년 세계박람회에 전시된 피테칸트로푸스 복원상

해 오던 중, 우연히 미국의 지질학자 화이트니의 저서를 발견하고 그가 19세기 중반에 캘리포니아 툴럼니산맥에서 발굴한 유골과 창촉, 돌절구 등의 소재지를 밝히는 성과를 거두기도 했다. 크레모에 따르면, 그 곳 암석층의 생성연대는 1000만~5500만 년 전이다. 하지만 일은 거기서 멈추고 말았다.

"1996년 NBC-TV 방송국이 '인류의 신비한 기원'이란 프로그램에 우리를 초청했다. 우리는 프로그램 제작자에게 캘리포니아의 툴럼니 유적지에 관해 이야기해 주었다. 그곳의 발굴물은 현재 버클리대학의 한 연구소에 보관되어 있다. 방송국에서는 대학 당국에게 유물을 촬영하고 싶다고 했지만 거절당했다. 창고에서 그것을 찾아내기도 쉽지 않을 뿐더러 그럴 만한 인력이 없다는 이유가 전부였다. 방송국이 자금을 지원하겠다는 뜻을 전하자 이번에는 촬영이 금지되어 있다고 했다."

은폐된 발견

학자들의 연구태도를 보면서 중세 암흑기를 떠올린 적이 한두 번이
아니다. 새로운 자료는 사회의 전통적인 관념에 부합될 경우에만 수
용된다. 모순될 경우에는 여지없이 거부된다.
— 제임스 쉐르츠

일반적으로 고고학자들은 기존 학설로 설명이 힘들거나 불가능한
유물을 접할 때, 그 유물이 기존 해석과 모순되는 경우에 먼저 유물
의 신빙성을 의심하는 경향이 있다.

따라서 발굴물에 대한 세상의 관심을 떨쳐버리고자 애쓰는데, 이때
가장 많이 사용되는 방법은 발견한 사람이 한 몫 잡으려고 위조품을
제작했다는 혐의를 씌우는 것이다. 만일 발견한 사람이 학자가 아니
라면 이 방법은 아주 손쉽게 그 효과를 발휘한다. 이 방법이 먹혀들
지 않으면 다음 단계는 발굴물의 연대를 의심하는 방법을 사용한다.
주지하다시피 연대 측정은 오차범위가 넓을 뿐더러 방법상 약점도
적지 않다.

간혹 의혹을 없애기 위해 연구 결과를 조작하기도 한다. 시간이 흘러 유물에 대한 일반인의 관심이 잊혀질 만하면 모든 게 끝나기 때문이다.

필자가 추측하건대, 수많은 발굴물, 아니 인류문명사에 한 획을 그을 만한 획기적인 발굴물들이 지난 몇 백 년 동안 이런 운명을 겪었다. 연구소의 문서창고에서 그 흔적조차 사라져버렸으니, 그 유물의 출생 비밀을 밝힌다는 것은 현재로서 거의 불가능하다. 아마도 아마추어 연구자들이 기록하고 사진을 찍어놓지 않았더라면 우리는 그것이 있었다는 사실조차 까맣게 잊고 있었을 것이다.

미국 버로우스 지하동굴의 황금유물

미대륙과 페니키아 문화와의 접촉?

1982년 4월의 어느 날, 미국 일리노이주에서 공무원으로 근무하는 러셀 버로우스는 와바시강 계곡을 지나던 중 우연히 작은 동굴 하나를 발견했다. 전에 보지 못한 지하동굴이었다. 하지만 호기심에 안으로 들어가 본 그는 이내 실망했다. 몇 발자국 들어서지도 않았는데, 막혀버린 것이다. 돌아서서 나오려는데 왠지 느낌이 이상했다. 손전등으로 이 구석 저 구석을 비쳐본 그는 깜짝 놀랐다. 출입구가 있었던 것이다. 오랜 세월의 이끼 탓에 문처럼 보이지 않았지만 확실히 출입문으로 사용했던 돌문이었다.

버로우스 지하동굴에서 발견된 유물들은 대부분 손바닥 만한 크기이다.

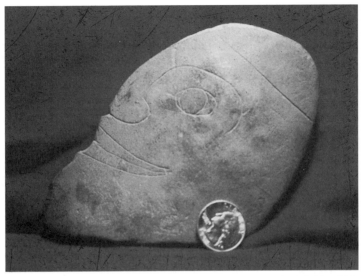

버로우스 동굴에서는 인물 형상의 그림과 조각이 적지 않게 출토되었다.

문을 열자, 좁고 기다란 지하 통로가 이어졌다. 그는 손전등을 비춰가며 그 미로를 따라 조금씩 기어들어갔다. 통로는 어둡고 침침했다. 얼마쯤 들어갔을까, 조금 넓은 공간이 나타났다. 그리고 이내 놀라운 광경이 눈앞에 펼쳐졌다. 벽에는 온갖 이상한 기호와 그림이 그려져 있었고, 바닥에는 인간이 다듬어 만든 것처럼 보이는 돌 하나가 있었다. 등잔으로 쓰였던 것처럼 보이는 석두상이 걸려 있기도 했다.

여기저기 몇 개의 출입문도 눈에 띄었다. 주위를 둘러보던 그는 출입문의 하나를 열었다. 곰팡내가 역하게 코끝을 자극했다. 손전등으로 안을 비추자 역시 좁은 통로가 이어졌다. 여태까지 들어 왔던 통로보다 좁고 어두웠다. 손전등으로 이곳저곳을 비추어보던 그는 갑자기 비명을 질렀다. 커다란 석판 위에 가지런히 놓인 유골이 눈에 띈 것이다. 주위에는 도끼와 창촉, 갖가지 금속

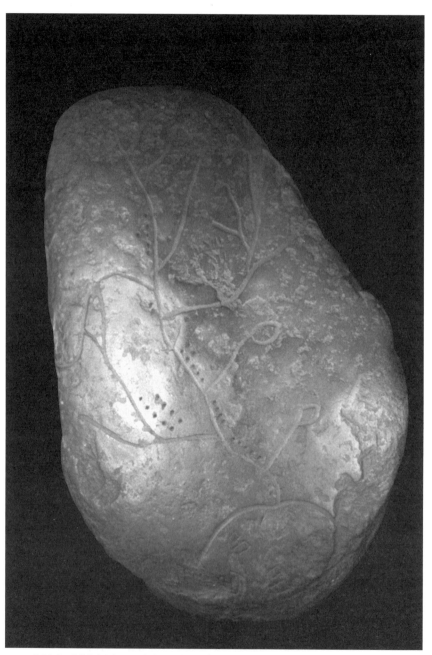

아직까지도 베일에 싸여있는 동굴의 위치. 그 위치를 알려줄 단서가 될지도 모를 강줄기가 그려진 돌

물건들이 어지럽게 널려 있었다.

그는 잠시 망설였다. 들어가 볼 것인가 말 것인가. 섬뜩한 느낌도 들었고 왠지 기분이 나쁘기도 했다. 하지만 이내 생각을 고쳐먹었다. 혹 신기한 물건이 있지 않을까. 황금이 있을 지도 몰랐다.

억지로 몸을 안으로 밀어 넣은 그는 어둠 속을 조금씩 더듬어갔다. 통로가 조금 넓어졌다고 생각될 무렵, 차갑다는 느낌이 손끝을 자극했다. 쇳조각이었다. 아니, 청동으로 만든 장신구들이었다. 그것들은 손전등의 불빛에 반사되어 번쩍거렸다.

심장이 두근거렸다. 온갖 생각이 어지럽게 머리 속을 뒤흔들었다. 또 다른 출입구에는 어떤 것들이 있을까. 궁금했다. 하지만 어쩐지 그 모든 곳에 들어가 본다는 게 꺼림칙했다. 분명 이곳을 만든 사람들은 인간의 자유로운 출입을 원치 않았을 것 같았다. 마침내 그는 딱 한 군데만 더 들어가 보기로 했다. 그곳 역시 유골이

버로우스 지하동굴에서 발견된 유물의 상당수가 황금유물이었다.

있었으며, 한 여자와 두 아이의 것이었다. 언뜻 보기에도 자연사한 게 아니라 살해 당한 것 같았다.

5년 뒤, 버로우스는 다시 한번 이곳을 찾았다. 그리고 흔히 '주묘主墓'라 불리는 방에 들어갔다. 그곳은 다른 곳과 달리 석조바퀴로 막혀 있었고 그 바퀴에는 이상한 문자가 장식되어 있었다. 방 안에는 무기를 비롯하여 갖가지 문자와 그림들이 조각된 거대한 석관이 놓여 있었다. 석관 안에는 순금제 관이 있었고, 관에는 천으로 둘러싸인 미라가 있었는데, 마치 고대 이집트의 미라를 옮겨놓은 듯 했다.

한 편의 탐험소설처럼 흥미진진한 그의 동굴 탐사는 이것이 전부였다. 그리고 오늘날까지 이 동굴에 들어간 사람은 버로우스가 유일한 인물이다. 동굴이 어디에 있는지를 알고 있는 사람도 역시 버로우스뿐이다. 그는 왜 동굴의 위치를 공개하지 않는 것일

전혀 해독이 안 되는 문자들. 너무나 다양한 문화양식이 반영되어 있다.

이 기호는 북아프리카나 유럽인들의 문화유산이란 주장도 있다.

까. 도굴꾼들로부터 유물을 보호하기 위해서라고 했다. 물론 그 동굴이 공개될 때, 그 안에 있는 모든 유물들은 자동적으로 국가 재산이 된다는 점도 고려했을지 모른다. 버로우스는 새로운 지하 동굴을 발견했다는 증거로 그곳에서 갖고 나온 4천여 점의 부장 품 가운데 일부를 공개했다. 대부분 손바닥만한 크기인데, 날개 가 달린 반인반수의 형상, 투구를 쓴 인물, 천체도 등 갖가지 형상 들이 새겨져 있다. 손목시계를 닮은 부조도 있다.

이 부장품에 대한 미국 고고학계의 반응은 어떠했을까. 대부분 의 학자들은 현대에 만들어진 위조품이라고 단정 짓고 있다. 새 겨진 모티브와 문자에서 너무나 다양한 문화양식이 발견된다는 이유 때문이었다. 어떤 학자는 문자를 전혀 해독할 수 없다는 이 유를 들어 위조임을 더욱 강조하기도 했다.

'버로우스 동굴'이라 불리는 이 지하동굴의 부장품에는 고대

투구를 쓴 인물상, 가슴에 원반을 그린 인물, 문자와
기호, 혜성 등 다양한 문화양식이 어우러져 있다.

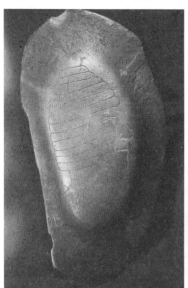

36

이집트나 페니키아 문화를 연상케 해주는 그림들이 많다. 일반적으로 이들 문화권은 미 대륙과 전혀 접촉이 없다는 것이 학계의 통설이다. 물론 1658년 미국 매사추세츠주의 한 인디언 구역에서 발견된 비문에 근거하여 고대 페니키아인들이 신대륙에 첫발을 내디딘 최초의 유럽인이라는 주장이 있기는 하다. 그 비문에는 서기 425년 카르타고의 한노라는 사람이 금을 찾아 떠난 항해를 기념하여 세운다는 내용이 적혀 있다. 또 중앙아메리카의 올멕인들과 마야인들이 만든 무게 4톤의 거대한 석두상은 페니키아와 이집트의 탐험대에 동행했던 아프리카 흑인 얼굴을 형상화한 것일지 모른다고 주장하는 학자들도 있다. 아메리카에 흑인이 등장한 것은 16세기 초 스페인 정복군에 의한 것으로 알려진 지금까지의 정설을 부정하는 주장인 것이다.

만일 버로우스 동굴에서 발견된 부장품들이 모두 진품이라면 어떻게 될까. 어느 고고학자의 말처럼, 우리가 현재 알고 있는 모든 역사를 무시해야 한다. 결국 이 동굴의 유물들이 모두 가짜여

투구에 머리장식을 단 인물상(왼쪽)과 생물학적으로 종을 알 수 없는 육지생물(오른쪽)

야 구대륙과 신대륙의 접촉이 콜럼버스와 더불어 시작되었다는 기존 학설은 건재할 수 있는 것이다.

버로우스 동굴의 출토물에 대해 모든 학자들이 외면하는 것은 아니다. 진지하게 접근하려는 학자들도 상당수 있다. 위스콘신대학의 제임스 쉐르츠 교수는 버로우스가 공개한 유물들이 실제로 고대의 부장품임을 확신하고 있다. 그는 1992년에 발표한 보고서에서, 미국 고고학계는 버로우스 동굴의 발굴품을 보다 개방적인 자세로 진지하게 연구해야 한다고 지적하고, 우리 인류의 조상들은 지금까지 우리들이 알고 있었던 것보다 훨씬 진보된 생명체였고 고도의 문명을 누렸음을 주장했다.

"돌에 새겨진 이상한 모티브들은 위조의 증거가 아니다. 오히려 콜럼버스 이전의 미국 역사가 기존 학설보다 훨씬 진기하며

버로우스 동굴에서 출토된 유물 중에는 멸종된 생물 또는 알려지지 않은 생물 조각이 많다.

반인반수 형상이 새겨진 돌. 함께 새겨진 태양과 문자가 뛰어난 고대문명임을 시사한다.

흥미로울 수 있다는 사실을 암시한다."

또 플로리다주 멜보른에 있는 한 연구단체(프톨레미 프로덕션)의 지원을 받은 고대문자 전문가 파울 샤프랑케는 수수께끼 같은 기호의 일부를 해독하여, 이 동굴의 부장품들은 콜럼버스보다 훨씬 앞선 시대에 미 대륙에 발을 들여놓은 북아프리카와 유럽 항해자들의 문화유산이라는 견해를 피력하기도 했다.

인디언문제 전문가이자 미국문화연구소(ISCA)의 조셉 마한 회장은 1995년 사망하기 전에 이들 유물들이 외계인들과 관련 있다는 이색적인 주장을 내놓았다. 그는 동굴에 매장된 사람들은 태양왕의 부인과 아이들이며, 기타 부장품들은 이들의 저승길에 필요한 옷과 무기, 생활용품이라고 했다. 그리고 이들은 한때 우주선을 타고 지구로 내려와 살면서 의도적으로 유전자 조작을 했

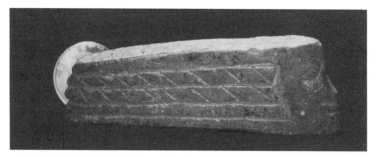

버로우스 동굴의 부장품에는 우주인의 것으로 볼 수 있는 모티브가 상당수 들어 있다.

던 외계인의 후손인데, 후손들에게 병을 치료하는 방법과 올바른 통치법, 항해술에서 건축기술에 이르기까지 온갖 기술문명을 남긴 흔적이라고 했다. 그리고 지구를 떠날 때 훗날 다시 돌아온다는 약속을 남겼다는 것이다.

실제로 이 동굴에서 발견된 부장품에는 우주인의 작품으로 볼 만한 몇 가지 모티브가 들어 있다. 선사시대에 살았을 육지 생물과 해양 생물, 이상한 옷을 입고 있는 생명체 외에도 여러 가지 종류의 비행물체가 새겨져 있고 공중에 떠있거나 땅에 내려앉은 것도 있다. 파충류와 닮은 얼굴의 모습도 있다.

버로우스 동굴에서 발견된 유물에 대해
미국 문화재당국은 전혀 언급하지 않고 있다.

그렇다면 직접 그 유물들을 보기로 하자. 안타깝게도 버로우스 동굴 출토품의 대부분은 현재 사진으로만 남아 있다. 처음 세상에 공개되었던 2천여 점 가운데 우리가 직접 눈으로 볼 수 있는 것은 극히 일부에 지나지 않는다. 왜 그렇게 되었을까. 버로우스는 부장품들을 세상에 공개한 직후, 동굴 탐사에 필요한 재정지원을 조건으로 그것들을 개인 수집가에게 팔았다고 했다. 물론 학계가 연구를 위해 요청하면 언제든지 제공하겠다는 단서를 붙였다고 했다. 그 수집가는 빈센스에서 박물관을 운영하는 잭 와드였다. 하지만 문제는 그 박물관에 보관된 유물의 숫자가 점차 줄더니, 1991년 잭 와드가 사망할 당시에는 불과 1백여 점밖에 남지 않았다는 점이다.

발굴 당사자였던 버로우스가 실제로는 공개했던 숫자보다 훨씬 많은 유물을 동굴에서 꺼내왔고 이 중 상당량을 팔았다는 주장부터, 잭 와드가 자기 주머니를 채우기 위해 유물의 상당수를 빼돌렸다는 이야기, 그리고 황금유물을 녹여서 팔았다는 주장에 이르기까지 온갖 소문이 나돌고 있다. 이 와중에서 진짜 황금유물은 동굴 속에 남아 있고 이 사람 저 사람들의 수중에 넘어간 유물들은 복제품이라는 주장까지 제기되었다.

놀라운 일은 이 문제에 대해 미 문화재당국이 전혀 개입하지 않고 고고학계에서도 이렇다 저렇다 언급하지 않는다는 점이다. 이들은 나름대로 동굴의 존재 자체를 믿지 않기 때문이라고 주장한다. 하지만 필자가 보건대, 사진으로 본 버로우스 동굴의 부장품은 확실히 불가사의한 문명 기록임이 분명하다. 이 역시 우리 고고학계가 풀어야 할 숙제가 아닐까 싶다.

오늘의 손목시계와 너무나 흡사한 황금메달

에콰도르 타이로스 동굴의 금속도서관
이미 멸종된 코끼리를 어떻게 알고 그렸을까

"나는 에콰도르 동부지역의 모로나 산티아고 지방에서 인류를 위해 엄청난 문화적·역사적 가치가 있는 값진 물건들을 발견했습니다. 에콰도르에 살고 있던 몇몇 부족의 민속학적·인종적·언어적 특성을 연구하던 중이었는데, 우연히 발견한 것입니다. 그것은 사라진 문명에 관한 역사적 기록을 담고 있으며, 인간의 손으로 만든 것이 분명합니다. 그 문명에 관해서는 지금껏 알려진 바가 전혀 없습니다. 물건들은 여러 개의 동굴 속에 무리지어 보관되어 있었으며 형태도 각양각색이었습니다.

그것들의 특징은 다음과 같습니다. 첫째, 크기와 형태, 색상이

각기 다른 돌과 금속 물건들. 둘째, 인종학적인 문자와 기호가 새겨진 금속판. 특히 금속판은 인류의 기원과 역사, 사라진 문명에 대한 지식을 담고 있고 '금속도서관'이라 불릴 만큼 많다."

살레시오수도원이 보관하고 있는 유물들(왼쪽 사진). 석판은 지금껏 알려지지 않은 인류 문명을 기록하고 있다(오른쪽 사진).

42

이 글은 1969년 7월 21일 에콰도르 정부를 수신인으로 한 발신인 불명의 편지 전문이다. 사라진 문명에 관한 위대한 기록, 그리고 '금속도서관'이라니…. 확실히 세상 사람들의 눈길을 끌기에 충분했다. 하지만 이것 역시 버로우스 동굴처럼 지난 몇 십 년 동안 학계로부터 외면당해 왔다.

에콰도르에서 세 번째로 큰 도시 구엥카. 후카르강과 우에카르강이 합쳐지는 해발 2천5백96미터의 피라미드형 구릉에 자리 잡은 이곳은 15세기경 키투 왕국을 정복한 잉카의 통치자 우아나 카파크가 살았던 투미팜파스 유적지였다. 도심에서 좀 떨어진 곳에 '데 도스 타이로스'라고 불리는 지하동굴이 있다.

1972년의 어느 날, 에리히 폰 데니켄이 이곳을 찾았다. 그는 동굴을 처음 발견한 후안 모리스의 안내를 받아 동굴 안으로 들어갔다.

처음 눈에 띈 것은 탁자 하나와 몇 개의 의자였다. 하지만 의자 모습은 여느 의자와 달랐다. 강철처럼 단단한 의자들은 등받이가 없었고 굽은 부분이 두 개뿐이었다. 앉는 자리는 위로 굽었으며 다리는 아래로 굽어 있었다. 그리고 밑에는 네모난 상자가 놓여 있었다.

석조유물 가운데 눈길을 끄는 돌로 된 유골(왼쪽 사진).
언뜻 알기 힘든 이상한 기호와 형상이
정교하게 새겨진 금속조각(오른쪽 사진).

동굴 바닥과 석조 벽감에는 갖가지 황금 동물상들이 있었다. 금속으로 만들었는지, 만질 때마다 차가운 느낌이 전해 왔다. 꼬리가 아주 긴 도마뱀의 형상도 있었고 공룡 비슷하게 거대한 목을 지닌 괴물 모습을 한 것도 있었다. 손전등으로 뒤편을 비추자 유명한 '금속도서관'이 모습을 드러냈다. 사각형 장식이 되어 있는 얇은 판에는 언뜻 알기 어려운 기호와 형상들이 수없이 그려져 있었다.

데니켄은 이 유물들을 기록으로 남기고 싶어 촬영할 준비를 서둘렀다. 하지만 안내를 맡았던 모리스가 사진 촬영만은 안 된다며 막고 나섰다. 아무리 사정해도 소용없었다. 결국 데니켄은 처음 몇 장만을 찍었을 뿐 본격적인 촬영은 할 수 없었다.

데니켄이 이 동굴에 관심을 가진 것은 카를로 크레스피 신부 (1982년 사망)가 수집한 고대 유물에 대한 소문을 듣고 나서였다. 크레스피 신부는 자신의 보호를 받기 위해 찾아온 인디언들로부

코끼리가 새겨진 금속 유물(아래 사진)과 석조 유물(오른쪽 사진). 코끼리는 아메리카대륙에서 1만 년 전에 멸종한 것으로 알려져 있다.

정교하게 새겨진 인물상. 과연 신의 존재일까(왼쪽 사진). 마치 우주인의 모습과 흡사하다(오른쪽 사진).

터 수집했다고 하는데, 그 인디언들은 조상의 비밀창고에서 꺼내 왔다고 했고, 아직까지 한번도 탐색한 적이 없는 동굴에서 갖고 나온 것도 있다고 했다.

실제로 데니켄이 찾아간 크레스피 신부의 방에는 바닥에서 천장까지 돌로 만든 온갖 형상들이 가득 차 있었고, 한쪽 구석에는 금속 조각판들이 쌓여 있었다. 그 금속 유물과 석조 유물 중에는 공룡이나 상상의 동물, 신과 피라미드, 이상한 문자에 이르기까지 신비한 그림들이 새겨져 있었다. 금속 유물들 중에는 코끼리 문양까지 있었다. 일반적으로 코끼리는 미 대륙에서 1만 년 전에 멸종한 것으로 알려져 있기에 더욱 놀라웠다. 어떻게 이미 자취를 감춘 코끼리를 당시 예술가들은 알고 있었을까.

데니켄은 자신의 저서 『종자와 우주』에서 이 동굴에 대해 간략하게 언급했다. 사진 역시 몇 장밖에 게재하지 않았는데, 동굴을 안내했던 모리스의 부탁 때문이었다고 밝히고 있다. 아마도 동굴

상상의 동물일까. 아직까지도 해명되지 않고 있다.

이 널리 알려지기를 바라지 않았기 때문일 것이다. 하지만 데니켄이 동굴을 탐사하기 3년 전인 1969년, 모리스는 일단의 사람들을 동굴로 안내한 적이 있었기에 그의 행동은 다소 의문시된다. 당시 탐사에 참가했던 사람들은 동굴에 관해 보고 들은 것을 일체 비밀에 붙이겠다는 서약서를 서면으로 제출했다고 하고, 실제로 신문에도 동굴 출입구에서 찍은 사진만이 실렸을 뿐이다.

1990년대 중반, 독일의 고고학자 발터 외르크 랑엔바인이 크레스피 신부가 살았던 수도원을 방문했다. 그는 크레스피 신부가 수집해 놓은 유물의 학문적 가치를 연구할 목적이었다. 하지만 수도원 당국은 유물을 보관하고 있는 방의 출입을 막았다. 가치 없는 물건들을 봐서 무엇 하겠느냐는 답변뿐이었다.

실제로 랑엔바인은 인류의 중요한 문화유산이 얼마나 제멋대로 방치되어 있는가를 쉽게 발견할 수 있었다. 문자가 새겨진 금속판은 나무 계단이 떨어져 나간 자리를 대신 메우고 있었고, 넓은 금속 박편은 부서져 나간 나무 벽을 메우느라 구석구석에 못질되어 박혀 있었다. 어떤 것들은 아예 콘크리트로 발라버린 것도 있었다.

참혹한 현상이 아닐 수 없었다. 더욱이 유물의 상당수는 에콰도르 중앙은행이 소유하고 있었다. 은행 담당자의 말에 따르면, 중앙은행은 그 유물의 대가로 1971년 43만여 달러를 지급했다고 한다. 현재 중앙은행 부설박물관에서 기회 있을 때마다 전시회를 갖는다고 한다.

문제는 은행측이 크레스피 신부의 유물 가운데 아연과 동, 금속 유물들은 위조품이라고 판단하여 구입하지 않았다는 점이다. 현재 그것들은 수도원이 별도로 보관하고 있는 것으로 알려졌는데, 일반인의 접근이 불가능한 상태이다. 그럼 은행측은 어떤 근거로 그것들을 위조품이라고 판단했을까. 이 유물들을 본격적으로 조사했던 데니켄은 단 한 번도 '모조품'이란 단어를 언급한 적이 없었는데…. 크레스피 신부가 그 유물들을 아무렇게나 보관해 왔기 때문일까.

1976년 아마추어 고고학자 스탠리 홀과 나사의 우주비행사 닐 암스트롱이 주도하는 동굴 탐사활동이 신문에 대서특필되었다. 몇몇 사람들의 입소문으로 동굴에 엄청난 황금이 있다고 전해졌기 때문이었다. 하지만 탐사 활동은 완전히 허탕이었다. 데니켄이 밝힌 유물의 흔적은 그 어디에도 없었다. 신비한 조각이나 금속판도 발견할 수 없었다.

그럼 그 유물들은 어디로 간 것일까. 현지 언론에서도 대서특필했으므로 유물을 염려한 인디언들이 다른 장소로 옮겨놓은 것은 아닐까. 1990년 데니켄이 키토에서 개최한 강연회에 참석한 스탠리 홀은 현재 책을 저술하고 있는데, 그 책에서 유물들이 어디에 있는지를 공개하겠다고 언급했으니 그 때를 기다려야 할 것 같다.

모르몬교가 '미시간 동판'에 관심 갖는 이유

정말로 미 대륙을 가장 먼저 발견한 역사적 인물이 콜럼버스였을까. 콜럼버스보다 수 백 년 앞서 또 다른 해양인들이 미 대륙을 점령했다는 증거물이 속속들이 출토되고 있는데도 학계는 기존의 주장을 굽히지 않고 있다.

1874년부터 1915년까지 미시간주 디트로이트의 한 인디안 구릉묘지에서 발견된 이른바 '미시간 동판'들도 그 증거물의 하나이다. 이곳에서 수많은 아마추어 수집가들과 농부들이 발굴한 유물들, 특히 점토판과 동판 등에는 기독교적인 모티브와 낯선 문자가 가득하다. 지금은 지구상에서 사라진 매머드 외에 이 지역과 관련 없는 인도코끼리와 동양인인 듯한 인간의 얼굴도 새겨져 있기에 기존의 미 대륙사를 뒤흔들어 놓을 지 모를 징표들이다. 하지만 발굴자들의 흥분이나 기대와는 달리 학계는 모조품이란 결론을 손쉽게 내렸다.

1890년 펜실베니아대학의 인류학자 모리스 재스트로우 교수는 발굴 유물들의 사진만 보고서 대뜸 "만든 사람의 무식함이 역력히 드러나는 조잡한 물건"이라고 단정 지었다. 페니키아와 고대 이집트, 그리스 문자들을 마음대로 뒤섞어 놓은 것에 지나지 않는다는 것이다.

과연 그럴까. 학계의 냉혹한 판단 때문에 세상 사람들의 이목에서 금방 사라진 이 유물에 대해 관심을 가진 사람은 콜럼버스 이전의 미 대륙간 접촉을 연구하던 헨리에테 메르츠 박사였다. 하지만 그녀가 이들 발굴물에 관심을 갖게 된 동기는 아이러니하게도 모조품임을 학문적으로 입증할 목적이었다. 그러나 놀랍게도 결과는 처음의 의도와 정반대였다.

그녀는 미시간에서 출토된 점토판과 동판들이 지금까지의 주장과 달리 진품이라고 밝혔다. 그리고 서기 312년 로마제국이 멸망한 직후에 미 대륙으로 건너온 기독교인들의 작품이라고 했다. 안타깝게도 그녀는 자신의 연구 업적을 총정리한 책을 준비하던 중 1985년에 사망하고 말았다.

현재 이들 유물들은 어디에 있을까. 독일어권에서 처음으로 이 발굴물에 관심을 보인 발터 외르크 랑엔바인에 따르면, 유물의

미국 미시간주에서 발굴된 동판들. 성경에 관한 모티브를 나타내는 기호와 그림이 대부분이다.

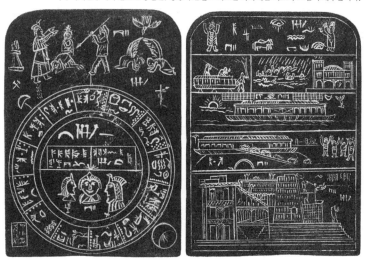

상당수가 인디아나주 스프링스포트에서 발생한 화재 때 손실되었다고 한다. 당시 태드 윌슨이란 사람이 화재 잔해에서 발견한 20점이 남아있을 뿐이라고 했다.

하지만 필자가 파악한 바로는 현재 11개의 판이 미시간과 뉴햄프셔에 보관되어 있다. 그리고 발굴에 참여했던 전 미시간주 부주지사 다니엘 소퍼와 제임스 세비지 신부가 소장했던 판들의 소재도 확인되었다. 두 사람의 유물은 선사시대의 아메리카 대륙에 관심이 많은 한 모르몬 교도에 의해 20년 전부터 유타주에 있는 모르몬교 사원이 보관하고 있다. 유물의 숫자는 다니엘 소퍼의 수집품이 4백95점, 제임스 세비지 신부의 것이 1천45점이다. 알려지기로는 두 사람이 처음에 2천7백 점을 갖고 있었다고 하므로 수집품 가운데 일부는 별도로 보관되고 있는 것으로 보인다.

그럼 모르몬교는 왜 이들 유물에 관심을 갖는 것일까. 1830년 미국 뉴욕주의 맨체스터에서 조셉 스미스가 창립한 모르몬교는 신·구약성서 외에 스미스가 하느님의 계시에 따라 만들었다는 『모르몬경』과 기타 계시의 집대성이라는 『교의와 성약』『값진 진주』 등을 기본 경전으로 삼고 있다. 이 가운데 『모르몬경』이 유물과 관련을 맺고 있는 것처럼 보인다. 어떤 연관성이 있는 것일까. 조셉 스미스와 『모르몬경』에 얽힌 일화부터 살펴보자.

뉴잉글랜드의 가난한 농부의 아들로 태어난 조셉 스미스는 어린 시절, 부모님을 따라 뉴욕의 팔마이라라는 곳으로 이주해 살았다. 18세 되던 해인 1823년 9월의 어느 날, 그는 기이한 경험을 하게 된다. 침실에서 기도하던 중 하느님이 보낸 천사 모로나이가 찾아와, 집에서 멀지 않은 곳에 신비의 금속판이 묻혀 있다고 가르쳐준다. 그 금속판에는 옛날 아메리카 대륙에 어떤 민족이

모르몬교 사원은 왜 '미시간 동판'에 관심을 쏟고 있을까.

살았으며, 그들이 어디서 왔는지를 기록한 것이라고 했다. 또 금속판 주위에는 '우림'과 '둠밈'이라는 두 개의 돌이 감추어져 있는데, 그 돌 위에 있는 가슴판을 사용하면 그 금속판의 내용을 번역할 수 있다고 했다. 다음 날, 조셉은 천사의 말을 좇아 금속판을 찾아냈고, 6년 동안 우림과 둠밈의 도움을 받아 번역한 것이 바로 『모르몬경』이라는 것이다.

『모르몬경』에는 기원전 600년경 예언자 레히의 인솔로 예루살렘에서 아메리카로 이주해온 히브리인들의 역사 이야기가 실려 있다. 이들 히브리인들은 이주해온 이후 번영하는 과정에서 레머나이트와 네피트라는 두 집단으로 갈렸는데, 레머나이트 집단은 자기들의 신앙을 잊어버리고 이방인이 되었으며 바로 오늘날 아메리카 인디언의 조상이라는 것이다. 반면에 네피트 집단은 나름대로 번성하다가 서기 400년경 레머나이트 집단에 의해 멸망했는데, 멸망하기 직전에 승천한 예수가 나타나 그들을 가르쳤고, 그 역사와 가르침을 예언자 모르몬이 금속판에 기록했으며 그의 아들 모로나이가 내용을 첨가하여 땅속에 묻은 것이 바로 조셉 스미스가 발견한 금속판이라는 것이다.

결국 모르몬교가 '미시간 동판'에 관심을 갖는 배경은 동판에 새겨진 성경의 모티브를 담고 있는 기호와 그림인 셈이다. 만일 조셉 스미스가 '미시간 동판'처럼 기독교의 모티브가 새겨진 판을 발견했고 그것을 토대로 상상의 나래를 펼쳐 『모르몬경』을 지어낸 것이라고 가정한다면 어느 정도 실마리가 풀리지 않을까 생각된다.

아무튼 모르몬교단에서는 필자가 소장 유물에 대해 상세한 정보를 부탁했을 때, 유물과 모르몬교와의 상관성을 부인했다. 또

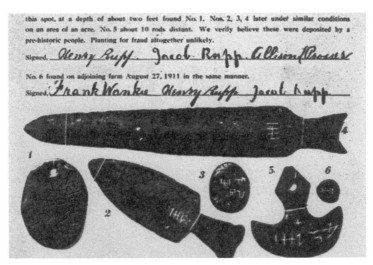

this spot, at a depth of about two feet found No. 1. Nos. 2, 3, 4 later under similar conditions on an area of an acre. No. 5 about 10 rods distant. We verily believe these were deposited by a pre-historic people. Planting for fraud altogether unlikely.

Signed: *Henry Rupp. Jacob Rupp. Allison Prosser*

No. 6 found on adjoining farm August 27, 1911 in the same manner.

Signed: *Frank Wanke Henry Rupp Jacob Rupp*

미국 미시간주에서 발굴된 유물들. 4~5세기경의 것으로 추정된다.

물 일부는 기계를 댄 흔적이 역력하여 전문가에게 감정을 의뢰했더니 전문가 역시 신빙성에 의문을 제기했다고 했다.

현재까지 '미시간 동판'의 문자와 기호는 전혀 해독되지 않고 있다. 미국의 인류학자 에반 한센은 그 문자와 기호가 해독된다면 동판의 역사적 배경도 밝혀질 것이며, 그 때 모르몬교단은 심각한 피해를 입을 것이라고 주장했다. 그가 말하는 역사적 배경이란 노아의 홍수처럼 지구를 고통에 빠뜨렸던 재앙을 가리킨다. 20세기 중반에 임마누엘 벨리코브스키와 같은 사람은 동판에 그려져 있는 작은 유성을 성경에 나오는 노아의 홍수와 연결시키기도 했다.

만일 미시간의 인디언 구릉묘지에서 발견된 '미시간 동판'이 고대 히브리인의 것이라면, 미 대륙이 콜럼버스에 의해 처음으로 인류문명사에 그 존재를 드러냈다는 기존 역사서는 다시 쓰여져야 할 것이다.

순록과 기호문자 1백11개의 비밀

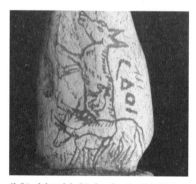

학계 논쟁이 80년간 계속되고 있는 글로젤의 발굴물

요즘 프랑스 학계는 몇 십 년째 베일레르 글로젤에서 발굴된 유물을 놓고 학자들 간의 논쟁이 뜨겁다. 1924년부터 6년여에 걸쳐 프랑스 중부지방의 세계적인 온천도시 비시 동남쪽에 자리 잡은 그곳에서 출토된 유물은 3천여 점인데, 특히 유물에 새겨진 문자 해독을 놓고 갑론을박을 계속하고 있는 것이다. 이 유물들은 문자가 전혀 존재하지 않았던 기원전 1만 5000~1만 7000년경으로 추정되기에 더욱 논쟁거리가 되고 있다.

유물을 처음 발견한 사람은 이곳에서 농사를 짓고 있는 농부 에밀 프라뎅이었다. 그는 자신의 밭을 갈다가 구덩이에 빠진 소를 구하려 하던 중 우연히 점토판, 돌조각, 꽃병, 가공한 뼈 등을 발견했다. 그리고 이 지방 출신 의사이자 아마추어 고고학자인 앙토넹 모를레가 「부르보네 에뮬레이션 협회보」에 공개함으로써 세상에 알려지게 되었다. 이어 전 세계의 고고학·인류학 전문

프랑스 글로젤에서 출토된 유물 중 일부는 기원전 1만 7000년경의 것으로 추정되고 있다.

가들이 달려왔고, 나중에는 파리 미술박물관까지 참여했다.

그러나 유물은 처음부터 모조품이란 낙인이 찍히고 말았다. 파
리 미술박물관의 요청에 따라 모를레가 자신과 프라댕의 이름으
로 작성 발표한 「신석기 시대의 유적소식」이란 보고서를 둘러싸
고 미술박물관측과 마찰을 빚었기 때문이었다. 파리 미술박물관
측은 처음 발견한 프라댕은 모르지만 아마추어 고고학자인 모를

구석기 말기의 것으로 추정되는 글로젤의 점토판. 그러나 그 시대에는 문자가 **전혀 없었다.**

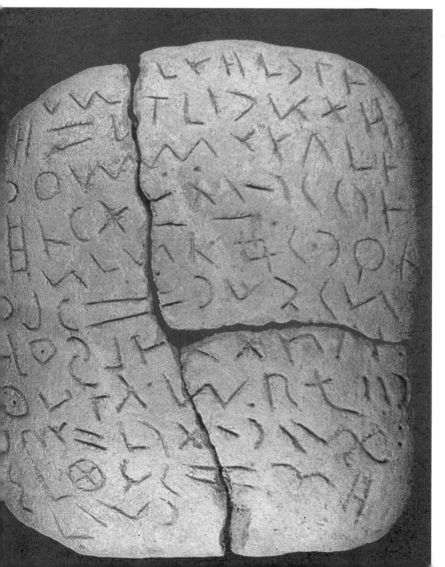

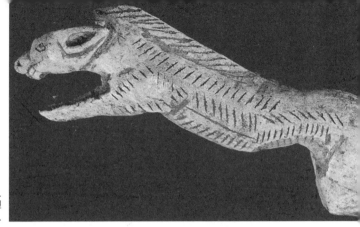

표범 형상의 점토판.
글로젤에서 출토된
유물은 종류도 다양하다.

레의 이름이 작성자 명단에 포함된 데 불만을 품은 것이었다. 결국 에밀 프라냉은 파리 미술박물관측에 의해 3천여 점에 이르는 모조품을 만들었다는 혐의로 기소되기까지 했다. 물론 증거 불충분으로 곧 석방되었지만, 그 후 글로젤의 유물은 세상 사람들의 관심에서 멀어지고 말았다.

그러나 1974년 열발광법熱發光法이라는 새로운 연대측정 방법이 발견되자, 스코틀랜드 국립고대박물관의 후고 맥케렐 박사를 비롯하여 덴마크 핵에너지위원회의 반 메이달 박사, 퐁트네 오로즈 핵연구센터의 앙리 프랑소아 박사 등을 중심으로 재조사 작업이 이루어졌다. 그 결과, 글로젤의 유물들은 모두 진품이며, 점토판은 켈트족이 살았던 서기 700년대의 것으로 판명되었다.

현재까지 전문가들을 가장 곤혹스럽게 만들고 있는 것은 문자 해독이다. 특히 순록을 중심으로 낯선 기호가 빙 둘러 새겨진 갈색돌이 발굴되자 논란은 한층 증폭되었다. 왜냐하면 순록은 글로젤 일대(북위 45도 이북지역)에서는 빙하기 말기에 이미 사라진 동물이므로 순록의 그림이 있다는 사실은 그보다 훨씬 앞선 시기, 즉 기원전 1000년경에 만들어졌다는 셈이 되기 때문이다. 그리고 이른바 마그델레니안인이 살았던 구석기 말기, 즉 기원전 1만 5000~1만 년에는 문자가 전혀 없었다. 그 시대에는 순록, 야생

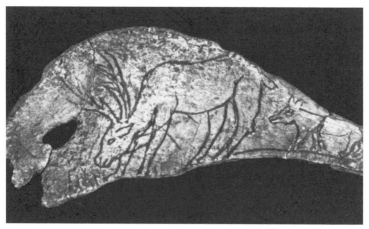

순록일까, 사슴일까. 순록은 이미 빙하기 말기에 글로젤 일대에서 사라진 동물이었다.

마, 들소 등 동물이 큰 군집을 이루며 살고 있었고, 사람들은 이러한 풍부한 식량자원에 둘러싸여 반 정착생활을 했지만 아직 문자를 사용한 시기는 아니었다. 그 시대의 가장 뛰어난 예술작품으로 평가되는 스페인 북부의 동굴유적 알타미라의 벽화를 보더라도 알 수 있는 일이었다. 일부 학자들은 순록이 아니라 사슴이라

순록과 낯선 기호가 새겨진 갈색돌. 이 돌의 발견으로 학계 논쟁은 더욱 뜨겁게 달아올랐다.

고 해석했지만 그래도 달라진 것은 별로 없었다.

고대문자 전문가인 스위스의 한스 루돌프 히츠 박사는 그리스어와 에투르리엔어, 갈리아어 등을 비교하는 방식으로 글로젤의 기호가 켈트족의 문자와 관련 있다고 주장했다. 지금까지 학자들은 글로젤의 기호가 모두 1백11개라고 생각하여 알파벳과 비교할 때 엄청나게 많다는 점에 놀랐지만, 히츠 박사는 26개의 철자와 그 철자에서 변형된 40개의 연자連字를 뽑아내어 70개로 축약시켰다. 예컨대, 'nemu Chlausei' 같은 말을 분리해 내어 갈리아어인 'nemeton'과 비교·추정해 볼 때, '글로젤의 신성구역'이란 뜻으로 해석된다는 것이다. 그는 특히 점토판에서 'tulsiec'과 'toulsiau'라는 단어에 주목하여, 오늘날의 툴루즈에 해당하는 'Tolosa'라는 지명이라고 해석했다. 툴루즈는 한때 켈트족의 수도로 유명했던 곳이다.

글로젤이 석기시대 유적지일지도 모른다는 견해와 달리, 히츠 박사는 일종의 순례지라는 가능성을 제시했다. 옛날 순례자들은

글로젤 유물에 새겨진 기호가 켈트족과 관련 있다고 주장하는 학자들도 있다.

신성한 숲에 와서 경배를 하고 태양과 달을 관찰하며 서로의 문자체계를 교환하기도 했던 것이다.

그림 유물에 그려져 있는 순록과 표범의 의미는 무엇일까. 기원전 1만 2000년의 빙하기를 피해 도망쳤던 맹수였을까. 히츠 박사는 그림이 그려진 돌과 뼈, 점토 항아리들은 모두 선사시대 동굴에서 나온 것이며, 켈트족이 제물로 쓰기 위해 그것들을 글로젤로 가져온 것일 수 있다고 했다. 말하자면 문자는 훗날 켈트족이 새겨 넣은 것이라는 설명이다.

현재 글로젤 유물에 대한 학자들의 접근은 엄격하게 제한되고 있다. 몇 년 전, 프랑스의 한 방송국 제작팀이 박물관에서 소동을 일으키고 난 뒤부터 사진 촬영마저 엄격히 금지되고 있다.

과연 글로젤에서 출토된 유물들의 실체는 무엇일까. 전 세계의 수많은 고고학적 발굴물과 마찬가지로 글로젤의 유물 역시 학계의 철저한 발굴 조사와 연구를 기다리고 있다.

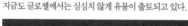
지금도 글로젤에서는 심심치 않게 유물이 출토되고 있다.

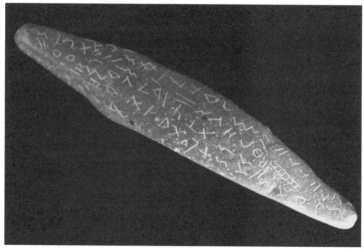

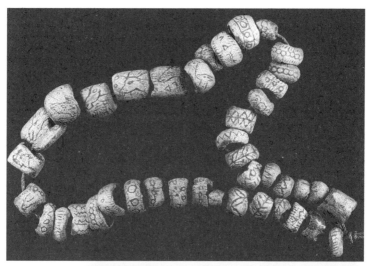

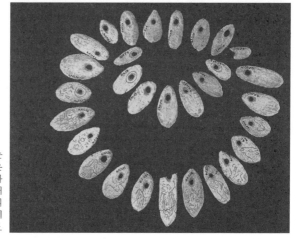

3천여 점에 달하는 글로젤의 유물들은 모티브와 생김새가 다양할 뿐더러 기원전 1만 7000년 전의 것부터 서기 700년대에 이르기까지 다양하다.

아직까지도 글로젤 일대에서는 심심치 않게 유물이 계속 발굴되고 있다. 쉐 게리에서 야생마가 새겨진 돌 하나와 몇 개의 문자판을 찾아냈는데, 광범위한 발굴조사가 이루어진다면 보다 많은 부장품을 찾아낼지 모른다. 하지만 먼저 쉐 게리에서 발굴된 점토판이 공개되지 않는 이유부터가 궁금하다.

아기공룡에게 먹이 주는 여자 토우라니…

멕시코시티로부터 북서쪽으로 2백80킬로미터 떨어진 해발 1천9백47미터의 중앙고원. 원래 타라스카 인디언의 촌락이었으나 스페인 사람들이 정착한 아캄바로에서 1944년의 어느 날, 세상을 깜짝 놀라게 만든 토우들이 발굴되었다. 아기 공룡에게 먹이를 주는 여자상이 있는가 하면, 공룡의 등을 타고 앉은 남자상도 있다. 그리고 유럽인이나 에스키모인처럼 보이는 인물상과 수

멕시코 아캄바로에서 출토된 토우들의 상당수는 공룡과 인간을 주제로 삼고 있다.

많은 공룡 조각상 등 너무나 다양한 조각품들이었다. 발굴품의
숫자 또한 무려 33만 5천여 점에 달했다. 더욱 놀라운 사실은 이
토우들이 화석을 보고 동물학자들이 복원해 낸 티라노사우르스,
프레시오사우르스, 스테고사우르스, 프테라노돈과 같은 공룡들
의 모양과 정확하게 일치한다는 점이었다.

　유물을 찾아낸 계기는 그야말로 우연이었다. 이곳에서 사업을
하는 상인 발데마르 홀스루드라는 사람이 말을 타고 산책을 하다
가 우연히 빗물에 씻겨 땅위로 솟아 나와 있는 도자기 조각을 발
견했다. 평소 예술품에 관심이 많은 그는 사람을 시켜 그 일대를
조사했다. 잘만 하면 몇 점을 더 건질 수 있겠다는 기대감 때문이
었다. 하지만 결과는 기대 이상이었다. 땅을 파면 팔수록 유물이
쏟아져 나왔다. 결국 며칠간 더 조사해 보겠다는 계획은 무려 8년
간을 끌었고, 그 결과 33만 5천 점이나 되는 조각품을 찾아냈다.
장식품, 항아리, 그릇, 피리, 무기, 공구 등 고대인들의 생활용품을

인류가 출현하기 훨씬 전에 자취를 감춘 공룡을 조각한 문명의 메시지는 무엇일까.

비롯하여 숫자가 많다는 점도 놀라웠지만 그 생김새가 더욱 충격적이었다.

소문을 듣고 고고학자들이 찾아왔다. 그들 역시 유물을 보자마자 경악을 금치 못했다. 공룡처럼 보이는 괴물들, 공룡을 타고 앉은 사람, 아기 공룡에게 먹이를 주고 있는 여자 등은 지금까지의 그 어떤 이론으로도 설명될 수 없는 것들이었다. 공룡은 약 2억 4500만 년 전인 중생대 전기에 지구상에 출현한 대형 파충류였다. 그리고 6500만 년 전인 백악기 말기, 즉 인류가 출현하기 훨씬 전에 자취를 감춰 버렸는데, 공룡을 조각하다니….

1954년 에두아르도 노게라 박사를 책임자로 한 멕시코의 국립 고고학 및 역사학연구소 조사팀은 공식 발표를 통해 이들 유물들은 모두 가짜라고 했다. 인간과 공룡 사이에 지금까지 알려지지 않은 어떤 관계가 있다는 것은 너무 비현실적이라는 것이 이유였다. 하지만 그들은 내부 보고서에서 발굴물들이 모두 진짜라고 기록하여 전문가들을 의아하게 만들었다.

미국의 역사학자 찰스 해프굿 교수는 단순히 감정하는데 그치지 않고 본인이 직접 발굴해 보겠다고 나섰다. 얼마 전, 사망한 그는 자신의 일생을 아캄바로 유물 연구에 바친 학자였다. 그는 아캄바로지역 경찰서장의 적극적인 도움을 받으면서 1955년 몇 개의 조각품을 더 찾아냈다. 심지어 지어진 지 25년이 지난 경찰서장의 집까지 파헤쳤는데, 그곳에서도 조각품을 찾아냈다. 적어도 요즘 만든 것이 아니라는 사실은 증명된 셈이었다.

1968년 해프굿 교수는 유기물이 들어있는 조각품 하나를 발굴했다. 생성과정에서 유기물이 조각품에 갇힌 것으로 추정되었다. 그는 뉴저지 웨스트우드의 텔레다인 아이소토프스 실험실에 방

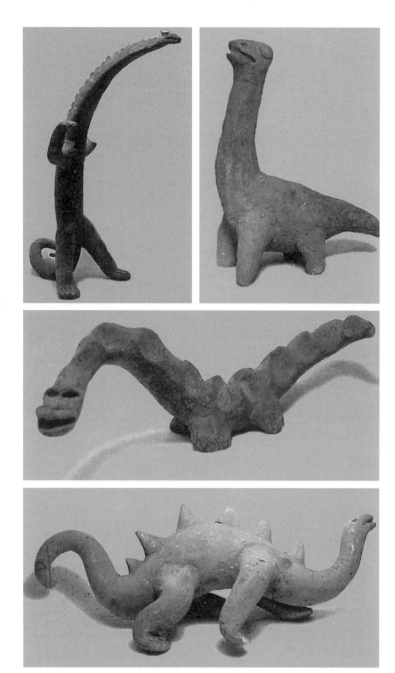

아캄바로의 공룡 토우들은 화석을 토대로 과학자들이 복원한 공룡들과 그 모양이 정확하게 일치하고 있다.

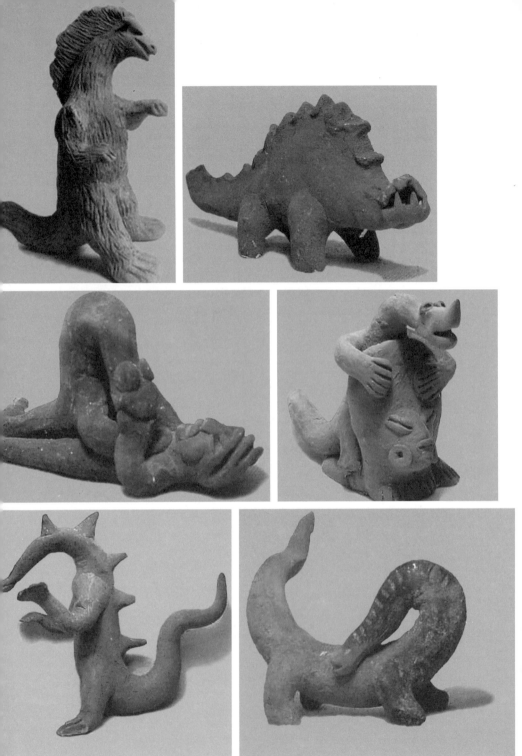

상상 속의 동물 토우들. 공포영화에 나올 법한 흉칙한 형상이나 괴물들이 대부분이다.

사성탄소 연대측정을 의뢰했다. 측정 결과, 그 물질은 약 6500년 전의 것이었다.

1969년 『페리 메이슨』의 저자 얼 스탠리 가드너는 최초의 발견자 홀스루드의 집을 찾아간 방문기를 그 해 10월 「데저트 메거진」 잡지에 기고했다. 14개에 이르는 방마다 토우들이 가득했는데, 공포영화에서나 등장할 법한 흉측한 형상들이 대부분이었고, 큰 발톱과 튀어나온 이빨을 가진 동물이 사람을 붙잡고 있거나 잡아먹는 형상도 있었다고 적고 있다.

1973년 미국의 「INFO」지는 아캄바로에 대한 특집기사를 게재하면서 당시 펜실베이니아대학의 박물관 응용과학고고학센터가 새롭게 개발한 TL측정법의 연대측정 결과를 밝혔다. 방사성탄소 C14법은 샘플 내의 유기물을 측정하지만 TL측정법은 유기물 내의 열에너지 양을 측정하는 것으로 그 정확도가 상당히 높다. 이 기사에 따르면, 아캄바로 유물의 샘플 3개는 모두 제작 연대가 기원전 2400~2700년 사이의 것이었고, 박물관측에서는 연대측정을 의심한 나머지 표본 4개를 각기 18번씩 반복하여 측정한 것으

토우들은 연대측정 결과, 짧게는 2400년 전, 길게는 6500년 전의 것으로 추정되었다.

토우들의 인물상은 하나같이 유럽인이나 에스키모인이라는 점이 독특하다..

로 되어 있다.

한편, 일찍부터 아캄바로 유물에 관심을 갖고 있던 존 티어니
는 오하이오 주립대학에 몇 점의 표본에 대한 연대측정을 의뢰했
다. 물론 출처에 관해서는 비밀에 붙였다. 검사를 담당했던 에버
하트, 캘리, 엘러스 박사 등 세 사람은 하나같이 진품 판정을 내렸
다. 티어니는 지구연대 측정실험실에도 똑같이 연대 측정을 의뢰
했었는데, 이곳에서도 감정 결과는 똑같았다. 어떤 표본은 기원
전 4000년경의 것으로 판명되기도 했다.

방패를 든 전사상(왼쪽 사진)과 귀가 큰 괴물상(오른쪽 사진)

놀라운 사실은 티어니가 연대 측정을 의뢰했던 표본이 다름 아닌 아캄바로 유물을 모조품이라고 비난했던 미국의 고고학자 닐 스티드의 것이라는 점이다. 물론 스티드는 이 결과에 큰 충격을 받았다. 그런데도 그는 아캄바로의 유물 가운데 진품은 4000년 경의 것으로 판정받은 것 하나뿐이라고 하면서 자신의 고집을 꺾지 않고 있다. 그만큼 기존 학계의 벽은 두터웠다. 스티드는 1997년 미국의 「월드 익스플러」지에 기고한 글에서, 그 동안 자신이 문제를 제기했던 것은 유물의 진품 여부가 아니라 발굴 장소였다고 번복하면서, 현장을 샅샅이 뒤졌지만 또 다른 유물의 흔적은 고사하고 발굴 당시의 흔적조차 찾을 수 없었다고 했다.

최근 티어니와 스티디 등 두 사람은 각기 자신의 주장을 담은 저서들을 펴냈다. 오랫동안 침묵 속에 잠겨 있던 아캄바로 유물이 다시 세간의 화젯거리로 등장한 셈이다. 나쁜 징조는 아니라고 본다. 전통을 고수하는 고고학자들이 다시 한번 관심을 기울일 기회가 되지 않을까 싶다.

아캄바로 유물은 그 숫자가 무려 33만 5천여 점에 달한다는 점이 사람들을 놀라게 한다.

진기한 생물

1901년 유럽의 사냥꾼들은 아프리카 원시림에서 지금까지 전혀 알려지지 않았던 동물을 하나 발견했다. 영양과 얼룩말, 노새를 뒤섞어놓은 모습이었는데, 원주민들은 그것을 '오카피'라고 불렀다. 당시 유럽의 내노라 하는 학자들은 하나같이 그런 동물은 존재하지 않는다고 주장했다. 하지만 오늘날 웬만한 동물원에서도 그 동물을 볼 수 있다.
—아돌프 슈나이더

인간은 참으로 이상한 동물이다. 기술 발전이 있을 때마다 인간은 자기가 세상의 이치를 모두 다 알고 있다고 믿는다. 증기력이 발명되었을 때, 인간은 자만심으로 우쭐대면서 증기력이야말로 최고의 에너지원이라고 자화자찬을 아끼지 않았다. 그러다가 전기가 발명되었다. 이번에는 뉴턴의 기계주의적인 세계관이야말로 인류의 마지막 깨달음이라면서 입에 침이 마르도록 칭찬했다. 그러나 20세기에 등장한 알버트 아인슈타인은 뉴턴의 세계관이 특수한 경우에 불과하다는 결론을 내렸다. 오늘날에도 인간은 자기 사랑에 폭 빠져서 고루한 생각을 버리지 못하고 있다. 새로운 이념을 주장하거나 낯선 것을 발견한 사람에게는 예외 없이 조롱과 비웃음을 퍼붓는다. 그러다가 새로운 학설이나 발견이 더 이상 부정할 수 없는 상태에 이르게 되었을 때 비로소 조롱을 끝없는 찬사로 바꿔 퍼붓는다.

동물세계에 대한 인간의 연구업적을 보자. 몇 년에 한 번씩 지구상의 어딘가에서 오래 전에 멸종되었거나 한 번도 본 적이 없는 동물종이 발견되고 있다. 그런데도 그 동물을 직접 목격했다는 사람들의 보고서는 상상의 산물로 치부되기 십상이다.

대부분의 학자들은 과거를 교훈 삼아 불가능해 보이는 것을 가능하다고 믿으려는 진취적인 자세를 거부한다. 새로운 지식을 창조하기보다는 기존 지식을 확인하는데 열의를 쏟고 있는 것이다. 이젠 학계에서도 좀더 개방적인 자세를 취할 때가 아닐까 싶다.

발자국 길이가 44.3센티미터인 거인

거인을 뜻하는 말의 영어는 '자이언트*giant*'이다. 그리스 신화에 나오는 '기간테스*gigantes*'에서 라틴어를 통해 유래된 말로서, 몸통은 인간이지만 뱀 같은 다리가 붙은 모습으로 묘사된다. 그리스 신화에서, 이들은 땅의 신 가이아와 하늘의 신 우라노스의 아들들이었다. 올림포스 신들과의 싸움에서 헤라클레스에게 크게 패해 산 밑에 매장되었는데, 화산 폭발과 지진은 이들이 자신의 존재를 알리는 신호라고 한다.

유럽설화에 나오는 거인들은 잔인하고 우둔하며 사람을 잡아먹을 뿐더러 종종 눈이 하나밖에 없는 외눈박이이다. 물론 보헤미아 숲에 살았던 뤼베찰처럼 착한 거인도 있지만 대부분은 두려움과 미움의 대상이었다.

이처럼 전설에서나 등장할 법한 거인의 흔적이 오늘날 발견되었다면 인류 계보는 다시 쓰여져야 할 것이다. 하지만 아직까지도 학계는 거인의 존재를 인정하지 않고 있다.

1986년 보쿰대학의 홀거 프로이쇼트 교수는 일본열도 남서쪽 규슈지방에서 길이가 자그마치 44.3센티미터에 달하는 거인의 발자국 화석을 발견했다. 놀라운 사실은 그 화석이 1500만여 년 전인 중신세에 해당되는 것으로 추정된다는 점이다. 중신세라고 하면 7000만 년 전부터 현재에 이르는 신생대 제3기에 해당하는 시기로서, 2600만 년 전에 시작되어 1900만 년 동안 지속되었다. 학계는 바로 이 시기부터 현생종인 초식 포유류가 등장하여 급속히 확산된 것으로 보고 있다.

일본 규슈지방에서 발견된 거인 발자국 화석. 인간의 발과 비교할 때 얼마나 큰가를 짐작할 수 있다.

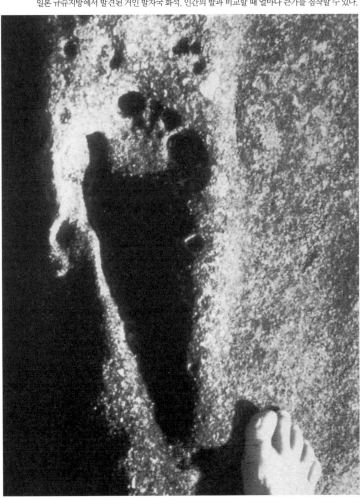

화석의 발자국은 두 번째 발가락에서 다섯 번째 발가락까지 굽어 있었고 자국이 약간 깊게 패인 엄지발가락은 나머지 발가락에서 조금 떨어져 있었다. 그리고 발꿈치는 매우 좁았으며 발바닥이나 발끝보다 깊이가 얕았다. 프로이쇼트 교수는 이 거인에게 '페딤프레소피테쿠스'라는 이름을 붙여주었다.

그는 거인의 발바닥 앞부분의 배치, 특히 뼈대의 구조와 근육의 배열, 발바닥의 피부 문양 등이 유럽 원숭이와 닮았다고 주장했다. 다만 이 거인이 직립 보행을 했는지에 대해서는 불분명하

지금까지 목격되었던 거인의 모습을 스케치하면 거의 인간과 흡사하다.

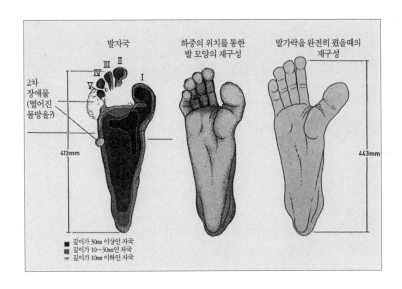

발자국

하중의 위치를 통한 발 모양의 재구성

발가락을 완전히 폈을때의 재구성

2차 장애물 (떨어진 물방울?)

413mm

443mm

■ 깊이가 30㎜ 이상인 자국
■ 깊이가 10∼30㎜인 자국
▬ 깊이가 10㎜ 이하인 자국

다고 했다. 직립보행을 하면 발뒤꿈치 부분이 더 깊게 패여야 하는데 그렇지 않다는 것이다. 실제로 유럽의 원숭이들은 직립에 능하지 못하다. 따라서 이 거인이 두 발로 활동하며 손을 자유롭게 썼는지에 대해서는 아직도 숙제로 남아 있다.

프로이쇼트 교수는 1991년 10월 보쿰에서 열린 인류학 및 인간유전학협회 세미나에 자신의 발견을 공식 보고했다. 그러면서 일본에는 그동안 이 거대한 발자국의 설인을 목격했다는 목격자들의 보고가 많았다는 점도 덧붙였다. 그러나 세미나에 참석한 대부분의 인류학자들은 그의 주장에 귀를 기울이지 않았고 관심조차 보이지 않았다. 지금까지도 규슈지방의 거인 화석에 관심을 갖고 있는 사람은 극소수이다.

베트남 밀림에도 '예티'가 있었다

일반적으로 학자들은 거인을 목격했다거나 거대한 발자국을 발견했다는 사람들의 말을 들을 때마다 실증적 근거가 없다면서 동화 속의 이야기로 치부하는 경향이 강하다. 예컨대, 히말라야 산맥의 설선 부근에 사는 것으로 전해지는 전설 속의 괴물 '예티'의 존재에 대해서도 과학자들은 곰에 의한 발자국이라고 단정 짓는다. 코끼리 발자국만한 그것은 앞발과 뒷발이 한 줄로 나 있다는 점이 독특한데, 과학자들은 곰이 뒷발을 앞발자국에 부분적으로 겹치도록 걷는 경우가 있다면서, 이것은 마치 반대 방향으로 걸어간 거대한 사람의 발자국인 것 같은 착각을 일으키게 만든다는 것이다.

왜 그들은 인류 선조들이 문명과 동떨어진 오지에서 지금까지 살아남을 수도 있다는 생각에 환호를 보낼 만큼 열린 사고를 지니지 못하는 것일까. 풍부한 상상력이 학문의 발전에 장애물로 작용하지 않는다는 것쯤은 이미 인류문명의 발전 역사에서 증명된 사실이 아닌가.

그러나 이제 1898년 영국인 와딜 소령이 시킴 북쪽 히말라야 산속에서 눈 위에 찍힌 45센티미터짜리 괴물의 발자국을 보았다고 전할 때부터 시작된 설인을 둘러싼 논쟁은 종결될 실마리가 보인다. 1986년 로체(8511미터)를 정복함으로써 히말라야의 8천 미터 봉우리 14개를 모두 오른 탐험가 라인홀트 매스너가 티베트에서 찍은 설인의 사진을 공개했기 때문이다. 물론 그 사진은 발자국 이상의 실증을 파악하는데 도움은 줄지언정 완전한 생물학적 연구에 종지부를 찍게 만들 정도는 아니었다. 그래도 높은 곳의 눈 덩어리나 돌들이 떨어져 낮은 경사면을 가로질러 뛸 때 생긴 것으로 보인다는 과학자들의 견해가 오류라는 점은 분명히 했다. 설인을 추적했던 티베트 전문가 브루노 바우만 역시 1998년 자신의 조사 활동을 묶어 한 권의 책으로 출판했다.

설인과 같은 거인의 존재는 비단 히말라야에만 있는 것은 아니다. 동남아시아의 베트남 밀림지대에서도 오래 전부터 또다른 예티가 있다는 소문이 나돌았다. 그곳 원주민들은 지금까지도 털북숭이 인간이 정글 속에 살고 있다고 주장한다.

1968년에는 두 사람의 동물학자가 직접 목격했다고 밝히기도 했다. 그 해 12월 17일 미국의 동물학자 이반 샌더슨 박사와 벨기에의 베르나르드 호이벨만스 박사는 미네소타주 롤링 스톤에 사는 프랑크 한센이란 농부가 이상스럽게 생긴 '원숭이 인간'을 전시하고 있

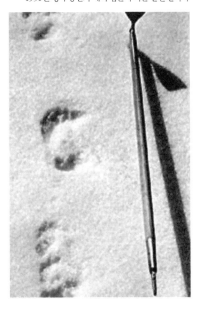

1951년 영국 등산가 에릭 십튼이 찍은 설인 발자국

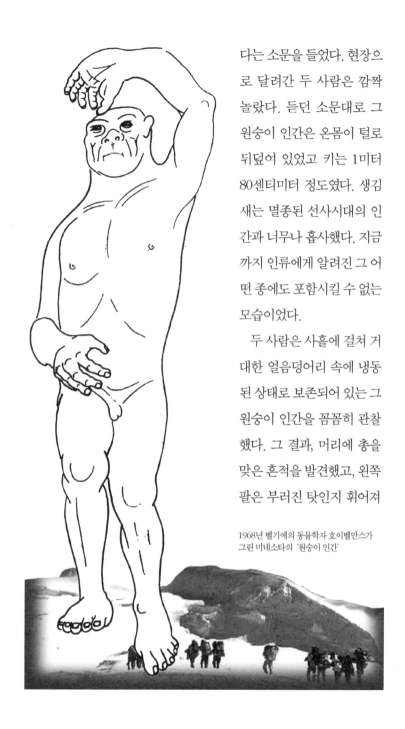

다는 소문을 들었다. 현장으로 달려간 두 사람은 깜짝 놀랐다. 듣던 소문대로 그 원숭이 인간은 온몸이 털로 뒤덮여 있었고 키는 1미터 80센티미터 정도였다. 생김새는 멸종된 선사시대의 인간과 너무나 흡사했다. 지금까지 인류에게 알려진 그 어떤 종에도 포함시킬 수 없는 모습이었다.

두 사람은 사흘에 걸쳐 거대한 얼음덩어리 속에 냉동된 상태로 보존되어 있는 그 원숭이 인간을 꼼꼼히 관찰했다. 그 결과, 머리에 총을 맞은 흔적을 발견했고, 왼쪽 팔은 부러진 탓인지 휘어져

1968년 벨기에의 동물학자 호이벨만스가 그린 미네소타의 '원숭이 인간'

베트남 밀림지대에서 구한 것으로 보이는 원숭이 인간. 한센이란 농부가 미네소타에서 전시했었다.

있었다. 한쪽 발은 부서져서 거무스레 변해 있었다.

두 사람은 이 사실을 학계에 보고하는 한편, 벨기에 왕립박물관과 워싱턴 스미스소니언연구소에게 각각 자신들이 조사한 내용을 보고서로 제출했다. 이에 스미스소니언연구소 측은 원숭이 인간을 사겠다는 의사를 표명했다. 하지만 한센은 거절했다. 일시에 쏟아진 언론의 시선이 부담스러웠던 것이다. 그는 물건의 진짜 소유자는 따로 있다면서 현재 자신이 전시하는 것은 밀랍으로 만든 모조품이라고 했다.

스미스소니언연구소 측은 사건의 진위를 미국연방수사국에 의뢰했다. 그러나 FBI의 에드가 후버 국장은 진짜 물건을 찾는데 관심을 보이지 않았다. 수사에 착수할 만한 명백한 증거가 없다는 이유에서였다.

한편, 한센은 언론과의 인터뷰에서 계속 말을 바꾸었다. 처음에는 거대한 얼음덩어리 속에 묻혀 있는 상태로 떠내려 오는 것을 시베리아 동부 해안에서 건져 올렸다고 했다가, 미네소타에서 사냥하다가 발견하여 총으로 쏘아 잡은 것이라고 말하기도 했다. 그러면서 자신이 전시하고 있는 모조품은 헐리우드의 모형제작 전문가가 만든 것이라고 했다.

마침내 모조품이라는 소문이 나돌자 사람들의 관심에서 멀어 져갔고, 스미스소니언연구소에서도 사기꾼에게 속은 것으로 결론을 내리고 공식적으로 손을 떼겠다는 의사를 밝혔다. 그래도 원숭이 인간을 처음 관찰했던 호이벨만스 박사는 포기하지 않았다. 그는 자신이 시체를 살필 때엔 분명 악취가 풍겼고 부패의 흔적도 역력했었는데, 지금 전시되고 있는 것에서는 아무런 냄새나 흔적이 없는지에 대해 의문을 품었다. 왜 한센이란 농부는 진실을 숨기려 하는 것일까.

끈질긴 조사 작업 끝에, 호이벨만스 박사는 그 원숭이 인간이 베트남에서 왔다고 확신했다. 월남전 당시 한센은 공군 조종사로 복무했고 히말라야의 예티와 같은 거인이 곧잘 출현하는 것으로 소문이 나 있는 지역을 자주 드나들었음을 알아낸 것이다. 그럼 한센은 어떻게 해서 그 시체를 손에 넣었을까. 호이벨만스 박사가 밝혀낸 사실을 토대로 살펴본 정황은 대체로 다음과 같다.

1966년경, 미 해병대가 '거인 원숭이'를 사살했다는 뉴스가 보도된 적이 있었다. 장소는 한센이 주둔했던 지역 가까운 곳이었다. 일반적으로 베트남에는 거인 원숭이가 살고 있지 않다고 알려져 있지만, 한센은 어떤 경로를 통해서든 그 시체를 손에 넣어 다른 군인들의 시체와 함께 미국으로 이송했던 것이다. 그리고 고향에 돌아와 그것을 냉동시킨 뒤에 전시했다.

그런데 학계와 언론의 주목을 받게 되자 그는 자신이 저지른 불법 행각이 탄로날까봐 두려운 나머지 원본은 감추고 모형을 세상에 공개한 것이다. 1972년 한센이 미시건의 그랜드 레피즈에서 전시할 당시의 비디오테이프를 보면, 그때만 해도 전시품은 진짜였다. 호이벨만스 박사가 처음 조사할 당시와 너무나 똑같아 한센이 세상 사람들의 입에 오르내릴 즈음, 진짜와 가짜를 바꿔 쳤음을 알 수 있다.

아무튼 한센의 원숭이 인간은 사기꾼의 농간에 불과하다는 것으로 결론이 나고 말았다. 그러나 1997년 3월 프랑스의 부르가뇌프에서 똑같은 원숭이 인간이 전시됨으로써 진위 여부를 놓고 다시 한번 논쟁이 재연되었다. 프랑스의 전시품은 1967년 티베트의 어느 눈 덮인 산에서 셀파 두 명이 발견한 것을 알랭 노라는 사람이 1987년에 구입한 것이라고 했다. 하지만 이 전시품에서는 악취가 나지 않았다.

호이벨만스는 이 전시품을 가리켜 한센이 전시했던 것과 동일한 것이라고 추정하면서 자신이 처음 관찰했던 원숭이 인간은 부패했고 악취가 역력했음을 거듭 강조했다. 그러나 그가 조사할 당시에도 원숭이 인간이 두꺼운 얼음관 속에 있었다는 점을 고려하면 부패했다거나 악취가 났다거나 정확하게 관찰했다는 그의 주장에도 한계가 있지 않을까 생각된다.

키 1.6미터의 베네수엘라 원숭이
유인원인가, 거미원숭이인가

1917년 스위스의 지질학자 프랑소아 드 로이가 박사가 이끄는 일단의 석유탐사대가 콜롬비아와의 국경지대인 베네수엘라의 페리하산맥 밀림을 지날 때였다. 목적지인 시에라 데 페리하로 가던 일행은 타라강 부근에서 잠시 휴식을 취했다. 지형도 험했지만 인디언 전사들이 우글거리는 지역인지라 일행은 극도의 긴장상태를 늦추지 않았다. 휴식을 취하면서도 주변 경계를 게을리하지 않았다.

그때였다. 돌연 숲 속에서 엄청나게 큰 원숭이 두 마리가 괴성을 지르면서 튀어나왔다. 커다란 나무가지를 마구 휘저으면서 일행을 위협했다. 자기 배설물을 손으로 받아 던지기까지 했다. 뒷걸음질치던 일행은 강물 때문에 더 이상 물러설 곳이 없게 되자 할 수 없이 총을 들어 몇 번 공포탄을 쏘았다. 그래도 원숭이들은 물러설 기미를 보이지 않았다. 결국 탐험대장 로이 박사는 원숭이 한 마리를 조준하여 사격했고, 한 마리가 쓰러지자 나머지 한 마리는 숲 속으로 달아났다.

일행은 죽은 원숭이를 살펴보았다. 처음 보는 원숭이였다. 얼굴은 분명 인간을 닮았는데, 꼬리가 있었다. 키는 1미터 57센티미터 정도였고 이빨은 인간처럼 32개였다. 인간 같기도 하고 유인원 같기도 했다.

일행은 일단 원숭이 시체의 사진을 찍은 다음, 어떻게 처리할 것인가를 의논했다. 어떤 사람은 그냥 내버려두고 가자고 했다. 하지만 기념품으로 갖고 가자는 사람이 더 많았다. 사람들은 원숭이의 머리를 잘라내어 살갗을 벗기고 상자에 넣은 다음 소금을 채웠다. 부패를 막기 위한 임시방편이었다.

그러나 그 날 저녁에 인디언 전사들의 공격을 받은 일행은 원숭이 해골이 든 상자를 내동댕이친 채 몸만 빠져나올 수밖에 없었다. 로이 박사도 인디언 화살에 부상을 입은 상황이었기에 그것을 챙길 겨를이 없었다.

몇 년 후, 유럽으로 돌아온 로이 박사는 베네수엘라에서의 일을 까맣게 잊고 있었다. 그러던 어느 날, 친구인 인류학자 조르주 몽탕동 박사가 우연히 그의 집에 들러 환담을 나누었다. 뭔가 찾으려고 노트를 뒤적이다가 사진 한 장을 발견했다. 그제야 로이 박사는 옛날 기억을 떠올릴 수 있었다.

로이 박사의 이야기를 들은 몽탕동 박사는 혹 그 원숭이가 지금까지 전혀 알려지지 않은 새로운 종일지 모른다면서 공개하자고 했다. 1929년 몽탕동 박사는 「아메리카연구협회 저널」지에다가 이 사실을 공개했다. 그리고 로이 박사는 그 해 6월 16일 「일러스트레이티드 런던 뉴스」지와의 회견을 통해 자신의 경험담을 털어놓았다.

유럽 학계는 두 사람의 발표에 대해 큰 관심을 보였다. 프랑스 과학아카데미가 청문회를 개최했고, 그 자리에서 몽탕동 박사는 문제의 거인 원숭이가 지금까지 전혀 알려지지 않은 새로운 종의

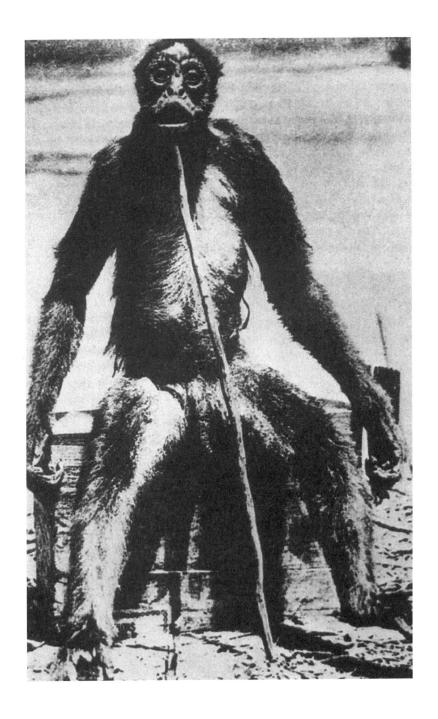

유인원이라고 주장했다. 어떤 사람은 지금까지 알려지지 않은 거미원숭이의 일종이라고 해석하기도 했다. 그러나 대부분의 학자들은 로이 박사의 사기극으로 몰아붙이는데 동조했다. 결국 학술회의는 아무런 결론도 내리지 못한 채 끝났고, 거대한 원숭이에 관한 세인의 관심은 식어가기 시작했다.

그 뒤, 베네수엘라의 거대한 원숭이에 대한 기억은 일반인들의 뇌리에서 완전히 사라졌다. 그러던 1996년의 어느 날, 미국 잡지 「더 아노멀리스트」지가 문제의 사진을 다시 한번 공개하자 잊혀졌던 관심이 되살아났다. 문제의 기사는 포트랜드 사우서른 메인 대학의 로렌 콜먼 박사가 자신의 주장을 다시 한번 증명하고자 의도했던 기획기사였다. 콜먼 박사는 사진 속의 거대한 원숭이는 진기한 동물이 아니며 단순한 거미원숭이일 뿐이라고 확신하고 있었다. 그러나 그의 견해에 대해 반박하는 학자들이 더 많았다. 키가 1미터 60센티미터에 이르는 거미원숭이가 있을 수 있느냐는 것이었다.

현재까지 남미대륙에서 사진처럼 거대한 원숭이를 목격했다는 보고는 없다. 로이 박사 일행은 베네수엘라에서 두 마리와 만났으므로 분명 또 한 마리에 대한 목격담이 있을 터인데, 아직까지 그 원숭이를 봤다는 사람은 없다. 물론 원숭이의 수명이 길어봤자 40여 년 안팎이므로 지금까지 그것이 살아 있으리라고 추정하기도 어렵다.

왼쪽 사진은 스위스의 지질학자 로이박사가 베네수엘라에서 습격받은 거인 원숭이를 사살한 직후 찍은 사진. 키가 1.57미터이며 인간 같기도 하고 유인원 같기도 했다.

20세기의 마지막 네안데르탈인?

작은 키에 단단한 체격과 넓은 가슴, 유난히 눈두덩이가 튀어 나왔고 코는 뭉툭하다. 턱이 작고 손발이 큰데, 팔다리 역시 두텁고 길다. 언뜻 보기에는 인간이라기보다 네안데르탈인이나 피테칸토로푸스의 신체구조를 연상시킨다. 사람들은 이 생명체를 가리켜 '아조Azzo'라고 부른다. 1931년 모로코 남부 텐시프트 지방의 마라케시에서 발견된 이 생명체를 목격한 사람들은 한결같이 '날고기만 먹는 동굴의 야만인'이라고 이야기했다.

정말 그가 마지막 네안데르탈인일까. 네안데르탈인은 10만 년 전부터 3만 5000년 전쯤인 홍적세 때 유럽과 지중해 연안지역에 퍼져 살았던 호모 사피엔스 초기 형태의 원인原人이다. 그들은 주로 동굴에 살면서 염소나 작은 사슴 등 비교적 작은 동물들을 사냥했고 큰 육식동물의 주검에서 먹이를 얻기도 한 것으로 보인다. 사람이 죽으면 땅에 묻는 풍습도 갖고 있었다.

그러나 아조를 발견할 당시 그가 어떻게 생활하고 있는지를 추적한 사람은 없었다. 물론 그가 살아있는 선사시대의 인간인지에 대해서도 관심을 두지 않았다. 학계에서조차 별다른 반응을 보이지 않아 그에 대한 기록은 전혀 남아 있지 않다.

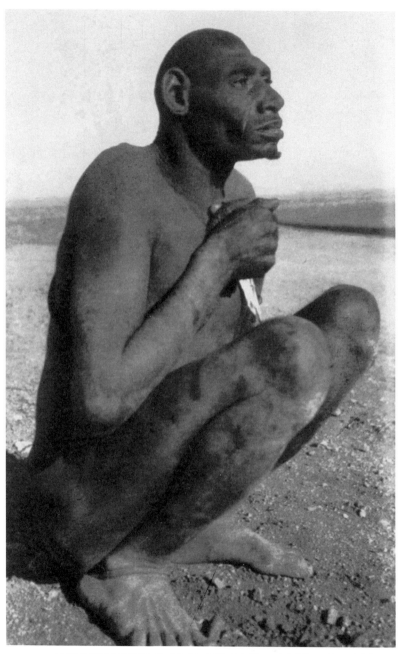

'마지막 네안데르탈인'이라 불리는 아조. 1931년 처음 발견되었고 50년대 말에 죽은 것으로 알려졌다.

1956년 프랑스의 작가 쟝 블레는 아조가 어떻게 살고 있는가를 추적하기 위해 모로코 발 뒤 다드를 중심으로 남부 일대를 샅샅이 뒤졌다. 다행히 아조는 그 때까지 살아 있었다. 블레는 그를 카메라에 담았다. 그 때까지 아조를 촬영한 사람은 일생동안 사라진 문명의 흔적을 찾아 헤맨 프랑스의 인종학자 마르셀 호메뿐이었다.

　　1960년대 초, 이번에는 이탈리아 국제선사시대연구협회의 마

아조의 마지막 모습. 그는 원시인이나 다름없이 살면서 말보다 괴성을 자주 질렀다고 한다.

리오 자노 박사가 아조의 흔적을 찾아 나섰다. 모로코의 사하라 사막 일대를 돌아다니던 그는 시디 필라 오아시스에서 아조에 관한 소식을 들을 수 있었다. 안타깝게도 아조는 오래 전에 죽었고 그의 무덤은 오아시스 곁에 있었다.

그 마을 족장이 전해준 아조의 생활은 단순했다. 늘 발가벗고 살았으며 아주 기초적인 도구만을 사용했다고 한다. 말보다는 괴성을 자주 질렀는데, 몇 마디에 불과한 말조차 사람들이 전혀 알아들을 수 없었다고 했다. 한마디로 인간인지 아닌지조차 불분명하다는 것이었다.

족장은 자노 박사에게 아조의 친척이라고 하는 두 여인을 소개했다. 히사와 헤르키아라고 불리는 이 여인들은 첫눈에도 아조와 무척 닮아 보였다. 1971년 이탈리아 작가 페터 콜로시모가 이 두 여인의 사진을 공개했는데, 아조와 이목구비가 매우 흡사했다. 하지만 이들이 아조와 어떤 관련이 있는지에 대해서는 밝혀낸 것이 아무것도 없다.

지중해 동굴에 펭귄이 살았다

프랑스 남부 마르세이유에 있는 코스케 동굴의 입구

프랑스 제1의 항구 도시 마르세이유의 도심지에서 멀지 않은 해안 절벽. 해수면으로부터 37미터 아래에 위치한 이른바 '코스케 동굴'은 인류의 가장 뛰어난 선사시대 문화유산이다. 1991년 잠수부였던 앙리 코스케는 처음 발견할 당시만 해도 동굴을 대수롭지 않게 여겼다. 하지만 동굴 속에서 찍은 사진들을 인화해 보고는 깜짝 놀랐다.

사진 속에는 말, 산양, 들소, 고라니, 사슴을 비롯하여 바다표범, 해파리, 오징어, 그리고 지금은 멸종된 바다새오리 등 갖가지 해양 동물들과 신비한 기하학적 도형들이 양각되어 있었고, 사람의 손가락 자국 세 개까지 선명하게 그려져 있었다. 특히 기학학적 도형 중에는 가방손잡이 모양의 외부 돌기, 즉 남성 성기와 같은 모습을 보여주어 대부분의 선사시대 동굴벽화가 여성의 성기 모양을 보여주는 것과는 대조적이었다.

신비한 기하학적 도형 중에는 남성 성기와 같은 모습을 보여주어 여성 성기의 모양을 보여주는 대부분의 선사시대의 동굴벽화와 대조적이다. 벽화는 1만 8000년에서 1만 7000년 전의 것으로 추정되고 있다.

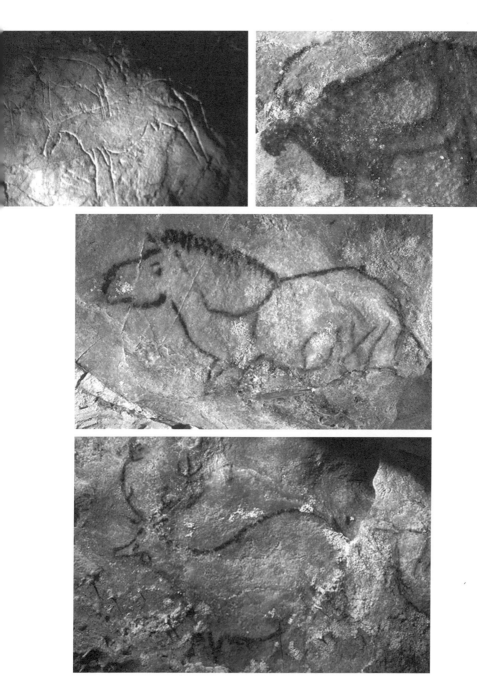

코스케 동굴의 동물 벽화들. 사슴, 들소, 말, 산양, 고라니 등의 그림은 선사시대 최고의 걸작품으로 평가된다.

선사시대를 연구하는 쟝 쿠르탱 박사는 현재까지 발견된 선사시대의 어느 동굴벽화 못지않은 최고의 걸작품이라고 평가했다. 실제로 방사선탄소 연대측정 결과, 동굴은 1만 8000년 전에서 2만 7000년 전의 것으로 판명되었다. 또 연대 측정을 몇 차례 추가로 실시했지만 달라진 것은 없었다. 하지만 다른 발굴물처럼 이 동굴 역시 학계로부터 외면당했다. 대부분의 인류학자와 역사학자들은 관심조차 보이지 않았고, 일부는 코스케가 조작해 냈다고 주장하기까지 했다.

이 동굴 벽화 가운데 우리의 관심을 끄는 것은 독특한 모양의 동물상이다. 언뜻 보면 그것은 펭귄같이 보인다. 실제로 프랑스의 동굴 전문가인 쟝 쿠르탱과 쟝 클로테는 이것을 '펭귄'이라고 했다. 하지만 니스 출신의 동물학자 프랑소아 드 사르 박사는 펭귄이 남극에만 사는 동물이라는 이유를 들어 두 사람의 주장을 일축했다. 선사시대 사람들이 아무리 상징적으로 표현했다고 해

펭귄, 바다표범, 아니면 멸종한 새 '알크'인가. 전 세계 선사시대 동굴벽화 중 유일한 이 동물의 정체는?

도 펭귄을 그렇게 그리지는 않았을 것이라는 주장이었다. 일부 학자들은 물개라고 주장했지만, 이 역시 물개의 해부학적 특징을 고려할 때 전혀 설득력이 없었다. 더욱이 동굴에는 분명한 물개 그림이 따로 그려져 있었다.

드 사르 박사는 이 동물이 크립토 동물이라고 했다. 말하자면 공식적으로 멸종했다고 인정되는 생물이라는 것이다. 그는 수중 포유동물로서, 베르나르드 호이벨만스 박사가 1965년에 펴낸 저서 『큰 바다뱀』에서 설명한 메갈로타리아 론기콜리스*Megalotaria Longicollis*와 같은 종류라고 했다. 그러면서 스코틀랜드의 네스호에 살고 있다고 전해지는 괴이한 생물체와 연관지어 설명했다.

그럼 프랑스 학자들은 왜 이 동물을 펭귄이라고 단정 지었을까. 그들 역시 펭귄이 지중해 연안에 서식하지 않았음은 잘 알고 있을 텐데 말이다. 문제는 언어의 차이에서 비롯된 오해였다. 프랑스어로 'pingouin'은 우리가 남극에서 흔히 볼 수 있는 펭귄만

선사시대의 동굴벽화에는 유달리 손바닥 자국 흔적이 많다. 코스케 동굴도 예외는 아니다.

을 가리키는 것이 아니다. 그것과 흡사하지만 키가 70센티미터에 달하는 또 다른 새를 지칭한다. 그 새는 선사시대부터 지중해 연안에서 살았고 19세기 중반 멸종했는데, 프랑스를 제외한 다른 지역에서는 '알크*Alk*'라고 부른다. 말하자면 클로테와 쿠

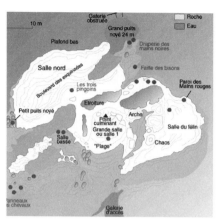

코스케 동굴의 내부 약도. 해수면으로부터 37미터 밑에 있다.

르탱이 사람들로부터 비난을 받았던 것은 바로 언어의 오해에서 비롯된 해프닝이었다. 알크라는 새는 날지 못했지만 헤엄을 칠 수 있고 물속에서 생활하는 시간이 많았던 새였다. 따라서 동굴 속의 동물이 알크일 가능성은 대단히 높다.

　물론 지금까지 우리가 모르고 있던 동물일 수도 있다. 수많은 학자들이 선사시대의 동굴에서 그와 비슷한 생김새의 동물 흔적을 찾고 있지만 아직까지 발견했다는 보고는 없다.

중동지방의 '시루슈'는 실존했던 동물일까

1902년 이슈타르문 발굴 당시의 모습.

기원전 2000년대 초기부터 1000년대 초기까지 바빌로니아의 수도였고, 기원전 7～6세기 경에는 칼데아제국의 수도였던 바빌론. 바그다드에서 남쪽으로 88킬로미터 떨어진 유프라테스 강가에 위치한 바빌론은 그 옛날 10만 평방미터에 이르는 세계 최대의 도시였다. 수호신인 마르두크의 신전 에사길라로부터 북쪽으로 포장된 개선도로에는 법랑을 입힌 사자 1백20마리가 장식되어 있었으며, 법랑을 입힌 사자와 용으로 꾸민 이슈타르 문을 지나면 아키투 신전이 나온다.

8개의 성문 가운데 하나인 이슈타르 문이 세워진 것은 기원전 575년경이었다. 높이 12미터에 유약을 입힌 벽돌로 만든 시루슈 *Sirrush*와 어린 사자의 부조가 층을 이루면서 장식되어 있다. 13줄로 배치된 그 숫자는 대략 5백75점으로 추정된다.

이슈타르는 수메르어로 이난나와 동일한 신으로 여겨지는 전쟁과 성애性愛의 여신이다. 수메르인들의 전승에 따르면, 이슈타르의 역할은 다산多産의 역할이지만 신화에서는 죽음과 재난에 둘러싸인 복잡한 신으로 등장한다. 방화와 진화, 기쁨과 눈물, 공정한 경쟁과 적의 등 서로 모순된 의미와 힘을 가진 여신이었다.

일찍이 고대 문명에 관심이 많았던 독일의 건축가이자 고고학자인 로베르트 콜데베이 교수는 1887년 이곳을 지나다가 우연히 벽돌 한 장을 발견했다. 한쪽 면이 푸른 광택을 내는 법랑이었다.

1899년 3월, 그는 독일 동양학회의 후원을 받아 남부 이라크의 유적지 바빌론을 본격적으로 발굴하기 시작했다. 발굴 작업은 1917년까지 18년간 거의 중단 없이 계속되었는데, 가장 극적인 발굴은 1902년 거대한 성채 이슈타르 문을 찾아낸 일이었다(이슈타르 대문은 1958년 이라크에 의해 복원되기 시작했으며, 현재 원래 크기의 절반 정도의 모형이 유적지 입구에 세워져 있다). 이 문이 특히 사람들이 눈길을 끄는 것은 동물 조각상 때문이었다. 어린 사자와 시르슈라고 불리는 전설의 동물이 부조되어 있는데, 시르슈는 일반적으로 용이란 뜻으로 해석하지만 아직도 그 정확한 실체는 모르고 있다.

생김새부터가 독특하다. 온몸이 비늘로 뒤덮여 있으며 가느다란 몸통, 길고 가는 목에 뱀의 머리, 쇠스랑 같은 혀, 그리고 뒤통수에는 곧게 뻗은 뿔이 나 있다.

구약외경에 의하면, 느브갓네살이라고 불리기도 하는 네부카드네자르 2세(기원전 605~562년)는 시르슈에게 바빌로니아 판테온의 주신인 벨신의 신전을 지키도록 명하면서, 백성들에게는 시르슈를 숭배하라고 강요했다. 이때 바빌론에 잡혀와 있던 유다인 예언자 다니엘은 시르슈에 대한 우상숭배를 비난했다. 이에 왕은 시르슈를 보내 그를 응징하고자 했으나 오히려 다니엘의 손에 죽고 말았다. 왕은 시르슈의 죽음을 슬퍼하며 비를 세웠다. 그리고 다음과 같이 비문에 썼다.

'나는 난폭한 사자와 성난 시르슈를 문에 배치하여 그 빛나는 화려함으로써 이슈타르 문이 온 세상의 감탄을 받도록 만들고자 한다.'

이슈타르 비문을 발견한 콜데베이 교수는 그 비문을 해독하면서 비문의 내용이 바빌론 발굴에 따른 현재의 고고학적 지식과 세세한 부분까지 일치한다는 사실에 놀랐다. 그는 무엇보다도 시르슈라는 동물에 관심을 두기 시작했다. 이 동물에는 어떤 비밀이 숨겨 있는 것일까. 아니, 실존했던 동물인지 상상속의 동물인지가 궁금했다. 앞발만 고양이를 닮지 않았다면 분명 그것은 지구상에 존재했던 동물같았다. 여러 각도로 연구를 거듭하던 그는 시르슈를 가리켜 '새의 발을 가진 공룡'이라고 단정 지었다.

이슈타르문에 부조된 시르슈. 실존했던 동물일까, 상상속의 동물일까?

동물학자인 월리 레이 박사 또한 이 특이한 동물에 매력을 느꼈다. 현존하는 동물이든 멸종해 버린 동물이든, 시르슈의 표본이 될 만한 동물이 없다는 점에서 그는 두 가지의 가능성을 제시했다. 하나는 상상 속에서 존재하는 동물이고, 다른 하나는 아직까지 알려지지 않았지만 한때 실존했던 동물이라는 가설이었다. 그는 시르슈와 함께 부조된 이슈타르 문의 사자 역시 이 문이 세

원래 크기의 절반 정도로 복원된 이슈타르문. 이 문이 세워진 것은 기원전 575년경이었다.

워질 당시에는 메소포타미아 지역에서 이미 멸종된 동물이었지만 유럽에서는 그로부터 2천 년이 넘도록 존재했었다는 사실을 중시했다. 말하자면 바빌로니아 사람들에게 사자는 이상향의 동물이었을 것이고 시르슈 역시 똑같았을 것이라는 해석이었다.

놀라운 사실은 이슈타르 문에 사용된 것과 똑같이, 한쪽 면이 푸른 광택을 내는 벽돌이 중앙아프리카의 한 지역에서 발견되었고, 그 지역에서는 공룡이 살고 있다는 소문이 끊임없이 회자되고 있다는 점이다.

19세기 말, 독일의 사냥꾼인 한스 숌부르크가 그곳을 방문한 적이 있었는데, 당시 그는 그곳에 거주하는 피그미족으로부터 공룡과 같은 동물이 늪 근처에 살고 있다는 이야기를 들었다고 했다. 피그미족들은 하나같이 경외심을 담은 표정으로 "반은 용이요, 반은 코끼리"라고 말하면서 직접 목격했다는 사람들이 하나둘이 아니라고 했다.

물론 그는 피그미족의 말을 믿지 않았다. 하지만 고향으로 돌아와 세계적으로 유명한 동물상 칼 하겐베크와 만나 이야기를 나누면서 하겐베크마저 똑같은 말을 들은 적이 있었다고 털어놓았을 때는 무척 놀랐다고 했다. 하겐베크는 아프리카에 지금도 공룡이 살아 있을 가능성이 높다고 주장하는 사람이었다. 그는 중앙아프리카의 어느 특정 지역의 기후조건을 보면 6500만 년 전의 공룡시대와 별로 달라지지 않았다는 것이다.

1913년 독일 정부의 지원을 받은 아프리카 탐사팀 역시 카메룬 지역(현재의 콩고공화국)에서 비슷한 소문을 들었다고 밝혔다. 원주민들의 이야기를 종합하면, 2종의 동물이 등장한다. 하나는 '모켈레 므벰베'라는 이름을 가진 동물로서 길이는 약 10미터 정

이슈타르문에 새겨진 사자는 메소포타미아 지역에선 이미 멸종되었지만 유럽에는 있었던 동물이었다.

도이고 목이 길며 아주 민첩하게 움직이는 회색빛 동물이라는 것
이다. 주로 리코우알라 지역의 인적이 드문 호수 텔레호 주변에
서 자주 눈에 띤다고 했다.

또 하나는 '치페크웨'라는 이름의 동물로서 잠비아와 앙골라,
그리고 과거 자이레 영토 주변의 강가에서 서식한다고 했다. 머
리에 뿔이 달린 이 짐승은 원주민의 설명대로라면 이슈타르 문에
그려진 시르슈와 아주 흡사하다.

시카고대학의 생물학자인 로이 매칼 교수는 1980~81년 콩고
공화국의 밀림으로 들어갔다. 델레 지역의 피그미족들로부터 들
은 공룡 이야기를 직접 확인하기 위해서였다. 오랜 모험 끝에 그
가 거둔 성과는 0.3미터 길이의 브론토사우르스와 비슷한 동물
발자국이었다. 브론토사우르스는 쥐라기 후기에 서식했던 초식
공룡으로서 네 발로 걸으며, 몸길이는 20~25미터, 몸무게는 32.5
톤 정도로 추정되는 동물이었다.

불가사의한 유적지

오늘날 우리들이 흔하게 저지르는 실수는 이 세상에서 발견될 만한
것은 모두 발견되었다고 믿는 것이다."
— 어도건 어시번

여러분이 고고학에 관한 전문서적을 볼 때, '거석의 운반'에 관해 조
금만 관심을 기울인다면 한 가지 이상스런 점을 발견할 것이다. 명
쾌한 대답 대신 조심스런 추측만이 난무한다는 점이다. 수천 년 전,
엄청난 규모의 무거운 돌을 어떻게 가공했고 옮겼는가에 대해 하나
같이 "아마…" "그럴 지도 모른다" 라는 식으로 표현하고 있다. 따지
고 보면 오늘날 우리가 알고 있는 지식의 범주에서 불가사의한 일들
을 설명하려니 어쩔 수 없는 일일지 모른다.
신기하게도 이 지구상에서 가장 거대하고 완벽한 건축물은 대부분
오래 되었다. 하지만 인류가 꾸준히 진화해 왔다는 점에서 볼 때, 그
건축물이 인류문명사에서 차지하는 비중은 그리 큰 것이 아니다. 그
런데도 으레 발굴한다고 하면 고대 건축물을 가리킬 때가 많고, 새

로운 발견일수록 그 발견을 공론화시켜 진지하게 접근하려는 노력은 부족하다. 참으로 안타까운 현실이다. 유명한 기념물만 집중적으로 조사한다고 해서 우리가 상상하지 못하는 수많은 신비한 문명의 흔적들이 사라져 버릴까.

이제부터라도 새로운 유적이나 유물이 발굴될 때마다 하나의 기회라고 생각하자. 지금까지 우리가 믿고 있는 기존 지식을 다시 한 번 되짚어 볼 수 있는 기회라고 믿자. 기존 관념을 허물어뜨리고 확실하다고 믿어왔던 것을 선입견 없이 자유롭게 의심할 수 있을 때에만, 우리는 인류의 기원에 얽힌 수수께끼를 마침내 풀 수 있는 날이 찾아 올 것이다.

고대에 일본열도와 남미대륙 접촉있었다

1998년에 발굴된 4~5톤 무게의 인공 석판.

21세기에는 세계 고고학자들의 눈길이 일본열도의 남해 연안에 쏠릴 수밖에 없다. 지금까지 전혀 알려지지 않은 해저 피라미드가 온전하게 보존되어 있기 때문이다. 고대 이집트 피라미드를 옮겨 놓은 듯한 거대한 석조 구조물, 돌무더기, 계단, 그리고 다양한 형태의 고원 등이 수중 10~25미터 지점에 자리 잡고 있다. 자연적인 부식 현상만 눈에 띌 뿐 보존 상태는 지상의 어느 고대 유적 못지않다.

1995~96년 일본의 스킨스쿠버 다이버들은 오키나와 주변의 요나구니와 카라마섬, 아구니섬 근처에서 잠수했다가 우연히 6개의 구조물을 발견했다. 산호와 반암 노출부들로 뒤엉켜 있는 수심 20미터 지점에서 거대한 괴암 덩어리가 병렬로 늘어선 채 수면 가까이 뻗어 있는데, 그 덩어리 하나의 무게는 대략 2백 톤 정도이다. 영국 스톤헨지의 사암처럼 의도적으로 잘라져 있었으며 일직선으로 배치되어 있다. 그리고 거석을 따라 수심 12미터

수중 10~25미터 지점에 있는 일본 연안의 해저 구조물. 마치 이집트 피라미드를 옮겨다 놓은 듯하다.

까지 상승하면 평평한 곳이 나오고 사방으로 돌 평단 표면이 뻗어나가는데, 손으로 깎아 삼각형과 사각형의 꼴을 갖추었고 정교한 계단과 단구가 있어 위아래 층을 오르내리게 되어 있다.

게다가 1998년에는 수심 25미터 지점에서 인공으로 만든 석판을 발견하기도 했다. 무게 4~5톤인 이 석판에는 직경 2~3센티미터의 타원형 구멍이 두 개 있는데, 구멍 가까운 곳의 표면이 매끄러운 점으로 미루어 구멍에 밧줄을 꿰어 큰 석판을 들어올리는

손으로 깎아 만든 흔적이 뚜렷한 해저구조물. 정교한 계단과 단구가 있어 위아래층을 오르내리게 되어 있다.

4000~1만 년 전의 것으로 추정되는 구조물들. 이 지역은 9000년 전에 중국 본토와 연결된 반도의 일부였다.

용도로 사용된 것이 아닌가 추정된다. 구멍 옆에는 십자 표시가
되어 있다. 일본 학계는 이 지역이 세계적으로 지진 활동이 왕성
한 지역이란 점에서, 원래 지상에 있었는데 해수면의 상승으로
물속으로 가라앉았다는 결론을 내렸다. 그리고 방사성 연대측정

일본의 해양지질학자 기무라 교수가 그린 요나구니 해저구조물의 도해도

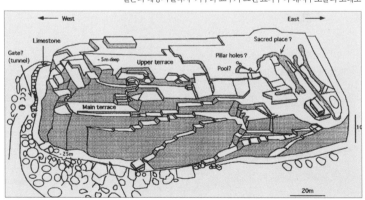

일본 도쿄의 황궁 계단(위 사진)은 페루 쿠스코의 성벽(아래 사진) 축조 방식과 너무나 흡사하다.

결과, 그 구조물은 4000~1만 년 전에 만들어진 것으로 추정되었다. 하지만 인간의 손으로 만들어진 것인지, 아니면 지질 변천 과정의 결과물인지는 아직 확인되지 않고 있다.

오키나와 류큐대학의 해양지질학자 마사키 기무라 교수는 이 구조물은 고대 문명의 흔적이라고 주장하지만 아직 학계의 동의를 이끌어내지 못한 상태이다. 그는 이 지역이 오키나와에서 대만을 거쳐 중국으로 이어지는 지협이라는 점을 지적한다. 사실 오키나와가 지금으로부터 9000년 전에 중국 본토와 연결된 반도의 일부였다는 점은 지질학계에서 공인된 학설이다. 따라서 빙하기가 끝날 무렵, 해수면 상승으로 반도는 사라지고 지

볼리비아 티아후아나코의 태양문. 일본 황궁의 돌아치와 그 생김새가 흡사한 까닭은 무엇일까.

일본 도쿄의 황궁 전경. 이 곳 돌아치의 입상과 볼리비아 티아후아나코 태양문의 신상은 매우 닮았다.

상에 있던 것들은 물속에 잠겼는데, 요나구니의 해저 구조물도 그 중의 하나라는 견해는 설득력이 있어 보인다. 그는 당시 일본의 건축가들은 중국 대륙에서 건너온 사람들로부터 건축기술을 배웠을 것으로 추정했다. 그리고 이 해저 구조물은 고대의 사당일 가능성이 높다고 했다.

홍미로운 점은 발견된 유적 가운데 몇몇은 남아메리카에서 발견된 사원의 건물과 아주 흡사하다는 사실이다. 그럼 일본열도와 미 대륙 간에는 고대에 접촉이 있었단 말인가.

일본의 건축물을 살펴보면 접촉이 있었을 가능성이 무척 높다. 예컨대, 일본 도쿄에 있는 황궁 계단은 잉카의 수도였던 쿠스코의 성벽과 놀랄 만큼 흡사하다. 또 황궁 바로 옆에 세워진 고대의 돌아치는 볼리비아의 티아후아나코에 있는 태양문과 너무나 유사하다. 태양문에 그려진 신상 또한 도쿄의 아치에 있는 작은 입상과도 닮았다.

위스콘신 록호에 숨어 있는 비밀

미국에도 해저 피라미드가 있다

수중 건축물에 대한 미스터리는 일본열도에만 국한된 이야기가 아니다. 미국 위스콘신주 메디슨 동쪽에 위치한 작은 호수 록호에도 피라미드 형식의 건축물이 수중에 있다. 이 호수는 기후 조건으로 미루어 다른 호수보다 수면의 높이가 높은 것이 특징이다. 그리고 구조물 가운데 몇몇은 3500년 전의 것으로 추정된다. 물론 이 구조물의 역사에 대해 알려진 것은 하나도 없다.

1900년의 어느 날, 클러드 윌슨과 리 윌슨 형제는 보트를 타고 호수를 지나다가 우연히 호수 밑바닥에 희미한 사각형의 형체를 발견했다. 하지만 당시에는 현대적인 잠수 장비가 아직 개발되지 않았던 시절인지라 두 사람의 관심은 더 이상 진척되지 못했다.

35년 후, 위스콘신대학의 빅토르 테일러가 이끄는 일단의 다이버들이 이곳에서 탐사활동을 전개했다. 그들은 수중 밑바닥에 사각형의 구조물이 있음을 확인했다. 그러나 구체적인 발굴물을 찾아내는 데는 실패했다. 2년 뒤인 1937년에 메사추세츠 기술공학 연구소의 기술자이자 수중 다이버인 막스 진 놀이 마침내 원추형의 피라미드를 호수 밑바닥에서 발견하는 성과를 올렸다. 그동안 '허황된 이야기' '대중적인 히스테리'라고 하면서 '국민의 혈세를 낭비하는 짓거리'라고 비난하던 사람들과 언론은 하루아침에 태도를 바꾸어 높은 관심을 나타냈다. 몇 년 뒤, 비행사들이 정찰 도중 호수 밑바닥에서 삼각형 모양의 구조물을 발견했다는 소식이 들리자 일반의 관심은 더욱 고조되었다.

그러나 고고학계에서는 이상하게도 관심을 나타내지 않았다. 심지어 1962년 9월 「위스콘신 고고학자」라는 잡지는 호수 밑바닥에 건축물이 존재한다는 것은 곧 호수의 역사가 적어도 1만 년은 되었을 것이라는 이야기가 된다면서 도저히 불가능하다는 결론을 내리기까지 했다.

그들은 5년 후에 수중 다이버인 잭 케네디가 또 하나의 피라미드를 발견한데 이어 몇 개의 석조 유물을 찾아냈지만 너무 흥분한 나머지 발견 장소를 정확하게 표시해 두지 않은 잘못을 범했을 때에도 '빙하 퇴적물'에 불과하다면서 논의 자체를 일축했다.

미국 위스콘신주에 위치한 록호에서는 3500년 전의 것으로 추정되는 해저구조물이 발견되었다.

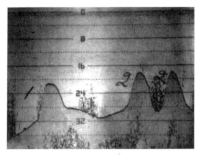

초음파 수중탐사기로 측정한 해저구조물의 도면

하지만 록호의 고대 유적에 대한 사람들의 관심을 꺼질 줄 몰랐다. 1983년 다이버 지도교사인 로버트 보이드는 위스콘신대학의 제임스 쉐르츠 교수 등과 함께 대규모 수중탐사활동을 벌였고, 1987년에는 미국의 출판업자 프랭크 조셉이 후원하여 음향측심기를 이용한 측량을 실시하기도 했다. 그 결과, 컴퓨터 다이어그램상에 방호벽의 형태를 띤 구조물의 모습을 관찰할 수 있었다. 조셉은 이 방호벽이 한때 의식을 행하던 장소를 에워싸고 있던 성벽의 잔재로 추정했다.

전문가들은 록호의 수중 구조물을 세 가지 그룹으로 구분하고 있다. 첫 번째 그룹은 수심 6미터에 위치하며 대략 800년 전의 것이고, 두 번째 그룹은 수심 12미터에 있는 2000년 전의 것이다.

돌의 형태(왼쪽 사진)로 미루어 과거 한때 인간이 살았을 것으로 추정된다. 유럽 이민자들이 위스콘신주에 처음 발을 디뎠을 때에도 이와 비슷한 돌무더기를 발견한 것으로 알려져 있다.

그리고 세 번째로 수심 18미터 깊이에는 3500년 전의 구조물이 있다. 이 가운데 전문가들이 가장 고민하는 것은 세 번째 그룹이다. 그 역사가 너무 오래되어서 우리가 알고 있는 그 어떤 문화에도 해당되지 않기 때문이다.

언젠가 미국의 다이버 전문지인 「스킨 스쿠버」에는 다음과 같은 글이 실린 적이 있었다.

"록호에 있다는 피라미드는 믿을 수 없다. 그런 것은 있을 수 없다. 인간의 손으로 만들었다고 보기에는 너무나 오랜 과거의 것이며 장소 또한 가능성이 희박한 곳이다. 논리적으로 볼 때, 결코 있어서는 안 될 존재이다. 하지만 역사에서 논리적이지 못한 경우 또한 많다. 록호에 숨어 있는 피라미드는 논리적으로 미국의 과거 역사를 연구하는 학자들을 당혹스럽게 만들기에 충분할 만큼 예기치 않은 순간에 불쑥불쑥 등장하고 있다."

스미스소니언연구소를 둘러싼 의혹

그랜드 캐니언에 이집트 무덤이 있었을까

길이 4백43킬로미터에 너비 6~30킬로미터, 그리고 깊이가 1.2킬로미터에 달하는 거대한 협곡. 깎아지른 듯한 골짜기가 수없이 늘어서 있고 지리학적으로 지구의 역사를 고대로부터 최근까지 생생하게 보여주는 곳이 바로 그랜드 캐니언이다. 세계적인 관광지인 이곳에 이집트 무덤이 있다면….

1909년 4월 5일자 미국의 「피닉스신문」은 1면 기사를 통해 '킨케이드가 이곳의 암벽 속에서 거대한 인공 동굴을 발견했다'고 보도했다. 스미스소니언연구소의 고고학자 조단 교수가 그 동

그랜드 캐니언에서 이집트 문화의 흔적을 발견했다는 사실을 스미스소니언연구소는 왜 숨기려 애쓸까.

굴의 탐사를 의뢰받았다는 내용도 함께 적힌 기사였다. 그러나 이와 관련된 어떠한 뒷 소식도 오늘날까지 일체 알려지지 않고 있다. 동굴이나 고고학에 관한 그 어떤 자료나 책에도 전혀 언급되어 있지 않다.

신문사의 단순한 오보였을까.

1995년 일리노이주 켐프턴 '월드 익스플로어 클럽'의 데이비드 해처 차일드리스는 스미스소니언연구소 측에게 이 기사와 관련한 몇 가지 사항을 질문했다. 뒷 소식이 궁금했기 때문이었다. 그러나 연구소 측의 답변은 너무나 간단했다. 북미대륙뿐만 아니라 남미대륙에서도 이집트 문화의 흔적은 아직까지 발견된 적이 없을뿐더러 그랜드 캐니언에서 이집트 무덤을 조사한 적도 없다고 했다. 심지어 동굴을 발견했다는 킨케이드나 연구를 의뢰받았다는 조단이란 연구원에 대해서도 아는 바가 없다고 했다. 하지만 차일드리스가 입수한 1910년 발행 『스미스소니언 사이언티픽 시리즈』에는 분명히 조단이란 이름이 적혀 있었다.

더욱이 차일드리스가 친구를 통해 시카고의 한 서점에서 구입

그랜드 캐니언 북쪽의 지명이 대부분 이집트나 인도식으로 표기된 이유도 확실히 밝혀지지 않고 있다.

한 고지도에는 그랜드 캐니언 북쪽에 있는 지명들이 대부분 이집트나 인도식으로 표기되어 있었다. 차일드리스는 몇몇 고고학자들에게 이들 지명이 혹 1909년의 「피닉스신문」 보도와 관련 있는 것은 아닌가에 대해 문의했다. 하지만 대부분의 사람들은 아마도 초기의 연구자들이 그냥 붙인 이름일 뿐 특별한 의미는 없을 것이라 했고, 그곳은 위험한 동굴이 많다는 이유로 지금도 출입금지 구역이라고 했다.

그렇다면 동굴이 있다는 것은 분명하다. 다만 그것이 이집트의 무덤인지 아닌지에 대해서는 미스터리에 속한다. 먼저 독자의 이해를 돕기 위해 「피닉스신문」 보도 내용을 그대로 인용해 보자.

"얼마 전 보도했듯이, 미 대륙 역사상 가장 오래되었고 전 세계 학자들로부터 가장 가치 있다고 인정받는 고고학적 발견에 대해, 어제 킨케이드로부터 구체적인 이야기를 들었다. 그는 몇 달 전 보트를 타고 와이오밍주의 그린강을 따라 콜로라도 방향에 있는 유마로 가던 중 우연히 그랜드 캐니언의 거대한 지하 성채를 발견했다고 한다.

그의 말에 따르면, 탐사활동자금을 지원하는 스미스소니언연구소의 고고학자들이 암벽을 뚫어 만든 이 동굴에서 동양인이 아니면 이집트인이 살았다는 거의 확실한 증거를 발견했다는 것이다. 만일 이곳에서 발견된 상형문자가 판독되어 이러한 사실이 확인된다면 선사시대에 북미대륙에서 살았던 종족과 그들의 문화, 그리고 그들의 정체와 출처에 얽힌 비밀이 풀릴지 모른다. 그때에는 이집트 나일강과 아리조나·콜로라도강의 역사적 관계가 상상을 초월한 먼 과거로 거슬러 올라갈 것이다.

현재 스미스소니언연구소는 조단 교수의 지휘 아래 아주 조심스럽게 탐사활동을 진행하고 있다. 많은 학자들이 집중 연구캠프를 준비할 정도로 이번 유적 탐사에 지대한 관심을 쏟고 있는데, 참가 인원은 대략 30~40명으로 알려져 있다.

동굴 입구는 캐니언의 괴상암 정상에서 4백53미터 밑에 위치하고 있다. 국유지이기에 함부로 들어가면 처벌을 받는다. 더욱이 탐사대원들은 구경꾼의 방해 없이 탐사활동을 전개할 목적으로 출입을 엄격하게 통제하고 있다. 일반인들로서는 구경하고 싶다고 해도 들어갈 수가 없다.

주 통로의 길이는 2킬로미터에 이르는 것으로 밝혀졌다. 조사과정에서 또 하나의 넓은 광장이 발견되었고 여기서부터 다른 통로들이 바퀴살 모양으로 뻗어있다고 한다.

지금까지 발견된 방은 수백 개에 달한다. 또 북미대륙에서 발견되리라고 상상하지 않았던 유물들이 상당수 출토되었다. 놀라운 사실은 그 모든 것이 동양 유물이라는 점이다. 전쟁에 사용되

1909년 4월 5일자 피닉스신문의 1면 톱기사 제목은 '그랜드 캐니언에서 이집트 지하묘지 발견'이었다.

었을 법한 강철처럼 단단한 청동제 무기는 이곳에 살던 종족의 문명이 높은 수준이었음을 명백하게 입증한다.

한편, 이 유적을 처음 발견한 킨케이드는 아이다호주에서 태어난 최초의 백인으로서 일생을 연구 활동과 사냥에 전념해온 인물이다. 그는 스미스소니언연구소에서 30년 동안 일해 왔다. 그가 동굴을 발견한 과정은 한 편의 드라마나 다름없다.

어느 날, 그는 보트를 타고 콜로라도강을 따라 내려가면서 광물을 채집하고 있었다. 엘 토바르 크리스탈 캐니언에서 68킬로미터 정도 떨어진 지점을 지나고 있을 때였다. 우연히 주변을 둘러보던 그는 꽤나 높은 암벽 동쪽에 알록달록한 점 하나를 발견했다. 동굴일지 모른다는 생각이 들었다.

한참동안 길을 찾아 헤매던 그는 힘들여서 그곳에 도착할 수 있었다. 예상대로 동굴이었다. 얼핏 보면 자연동굴 같았지만 사람이 팠다는 흔적이 역력했다. 입구 안쪽 벽에 끌 자국이 눈에 띄었던 것이다. 동굴 안으로 들어서자 계단이 있었다. 아마도 그 옛날에는 동굴 입구까지 강물이 찼던 모양이었다.

30미터 쯤 들어갔을까. 지하 납골묘가 나타났다. 안에는 미라가 있었다. 그는 미라 하나를 일으켜 세우고 기념사진을 찍었다. 그리고 주변에 널려 있는 유물 몇 점을 갖고 나왔다. 유마에 도착한 그는 곧바로 유물들을 스미스소니언연구소로 보냈다. 물론 자신이 발견한 동굴에 대한 간략한 보고서를 첨부했다. 그러자 곧바로 전문가들의 탐사활동이 시작되었던 것이다.

동굴의 입구 넓이는 약 3.7미터이며 안으로 들어갈수록 좁아진다. 입구에서 약 17미터 쯤 들어가면 왼쪽과 오른쪽으로 각기 샛길이 있고 그 측면에 요즘의 거실만한 크기의 방이 있다. 입구는

타원형이며 실내에는 벽을 뚫어 만든 환기 구멍을 통해 통풍이 되고 있다. 벽의 두께는 1~2미터 정도이다. 통로가 깔끔하게 다듬어진 점으로 미루어 기술자가 설계를 했을 가능성이 높다.

입구에서 30미터 이상 들어가면 십자 모양의 커다란 홀이 나오는데, 한 면의 길이가 수십 미터에 달한다. 안에는 다리를 꼬고 양손에 연꽃과 백합을 들고 앉은 신상神像이 있다. 흡사 부처와 같은 모습이지만, 학자들은 아직까지도 그것이 어떤 신상인지 밝혀내지 못했다. 겨우 고대 티벳신과 흡사하다는 것 정도일 뿐이다. 신상의 주위에는 작은 인물상들이 널려 있다. 그 중 몇 개는 아름다운 모습이지만 대부분 기괴하고 일그러진 모습을 하고 있다. 모두 대리석 같은 단단한 돌로 제작되었다.

홀의 맞은편에는 각종 청동기 유물이 널려 있어서 이 동굴에 거주하던 종족은 높은 문명생활을 했던 종족임을 알 수 있다. 특히 그 유물 가까이 구리를 제조할 때 쓰였던 것으로 보이는 도구들이 놓여 있다.

유물 중에는 꽃병, 항아리 외에 동으로 만든 그릇과 금으로 만든 그릇도 있다. 백금같이 보이지만 아직까지 그 재료를 알 수 없는 회색빛 금속도 있다. 그리고 항아리와 벽, 석판에는 이상한 상형문자가 새겨져 있다. 아마도 이들 문자는 이곳에 살았던 종족의 신앙과 관련이 있는 듯 하다. 전문가들의 분석에 따르면, 이 문자와 비슷한 기호가 아리조나주 남부에서도 발견된 적이 있었다고 한다. 하지만 이곳에서 발견된 그림문자 중에서 동물 그림은 두 개뿐이고 그 중 하나는 선사시대의 동물이다.

이밖에 미라가 들어 있던 납골당은 가장 큰 방인데, 독특한 점은 지금까지 발견된 미라가 모두 남자라는 점이다. 전체적으로 보아 지하동굴의 크기는 상상을 초월한다. 5만 명 이상이 들어갈 정도의 규모이다."

「피닉스신문」 기사를 정독하면 이 동굴에는 신과 황금, 그리고 미라가 있고 높은 문명을 갖고 있던 종족이 생활하고 있었다.

만일 이 기사가 오보가 아니라면 스미스소니언연구소가 사실을 숨기고 있다는 이야기밖에 되지 않는다. 왜 연구소 측은 이처럼 엄청난 발견을 비밀에 붙이고 있는 것일까.

동굴에 대한 궁금증을 가장 많이 갖고 있는 차일드리스는 미국 고고학계가 전통적인 미국식 고립주의에 집착하기 때문이라고 분석한다. 말하자면 미 대륙에서 고도로 발달된 과거의 문화는 모두 다른 대륙과의 교류나 영향을 받지 않은 채 고립되어 발전해 왔다는 견해에 집착하고 있다는 것이다. 이들과 달리, 융합주의자들은 고대 문화유산은 전 대륙을 오갔고, 심지어 대양을 넘어서까지 교류가 있었다고 주장한다.

스미스소니언연구소는 창설 초기부터 고립주의 이론을 고수해온 대표적인 단체였다. 예컨대, 19세기 말 인종학 연구팀의 책임자로 임명된 인물은 다름 아닌 고립주의 이론의 선두주자 존 웨슬리 파월이었다. 그는 북미대륙에서 발견된 모든 고대 문명은 다른 세력이 아닌 인디언의 것으로 확신하는 인물이었다. 따라서 북미대륙에 산재해 있는 구릉 피라미드가 모두 인디언 유적이라는 그의 주장은 인디언이 아닐 수도 있다는 융합주의자들의 주장과 종종 마찰을 빚었다. 심지어 연구소는 1980년대에 들어와 오하이오 문화와 미시시피 계곡 사이의 문화교류가 제한적이나마 있어 왔다는 기존 학설마저 무시할 정도였다.

그러나 오늘날 인디언의 구릉묘지에서는 인디언이 아닌 다른 문화권과의 활발한 교류를 보여주는 유물이 속속들이 출토되고 있다. 그런데도 스미스소니언연구소를 비롯한 미국 고고학계는 무관심으로 일관하고 있다. 가령 19세기뿐만 아니라 20세기 초까지도 거인의 유골이 상당수 출토되었지만 대부분 학자들의 무관심 탓에 소실되고 겨우 일부만이 네바다주와 위니머카의 훔볼트 박물관, 레노의 역사학회박물관에 소장되고 있을 뿐이다.

이런 일도 있었다.

1950년대 중반, 미국 앨라배마주의 블라운트 컨트리에 있는 한 동굴에서 고대의 목관이 발견되었다. 청동이나 돌연장으로 만든 흔적이 역력한 목관으로 고고학적으로 가치 있는 유물이었다. 이 유물은 당시 스미스소니언연구소에서 가져갔는데, 훗날 한 아마추어 고고학자가 그 유물에 대해 문의하자 스미스소니언연구소 측은 "한때 우리 수중에 있었다는 기록은 남아 있지만 현재 우리가 소장하고 있는 유물 중에서는 찾을 수 없다"고 답변했다. 1992년 코네티컷의 건지왐프협회 데이비드 배론 회장이 또 한번 문의하자 이번에는 "단순한 나무통일 뿐이다. 현재 석면으로 뒤덮인 창고에 보관 중이어서 조사가 불가능하다"고 답했다.

과연 스미스소니언연구소는 차일드리스의 주장처럼 의도적으로 유물을 은폐하고 있는 것일까. 차일드리스는 스미스소니언연구소의 직원 중에서 융합주의자와 같은 견해를 피력했다가 해고된 사람이 특이한 유물을 대서양에 던져버린 적이 있었다는 양심선언을 한 적이 있다고 했다. 그 직원은 콜럼버스보다 수 천 년 앞서 미 대륙에 다른 문화가 들어왔다고 확신하던 사람이라는 주장이다. 결국 「피닉스신문」 기사의 진위는 스미스소니언연구소에 대한 평가와 밀접하게 연관되어 있는 셈이다.

누가 언제, 그리고 왜 그렸을까

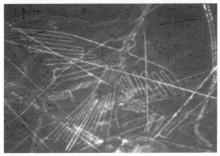

나스카의 지상화는 2백30여 개에 달한다. 위 사진은 1백 미터가
넘는 거대한 원숭이. 아래 사진은 길이 1백20미터의 새 그림

확실히 남미대륙은 세계의 고고학계를 끊임없이 놀라게 하는 보물창고이다 그 중에서도 페루 남부에 위치한 나스카 북쪽 사막의 몇몇 메사*mesa* 위에 산재해 있는 나스카의 지상화는 압권이 아닐 수 없다.

그것을 보려면 하늘 높이 올라가야 한다. 직선, 삼각형, 나선형, 사다리꼴, 소용돌이 등 갖가지 기묘한 곡선이나 기하학적 무늬가 2백여 개이고 벌새, 고래, 원숭이, 거미, 개, 나무, 펠리컨 등 30여 개의 거대한 동물 형상이 지표의 자갈들을 제거한 땅 위에 함께 그려져 있다. 특히 길이 1백20미터에 이르는 새 그림은 땅위에 서서는 도저히 그 모습을 상상조차 할 수 없다. 8킬로미터의 직선이 마치 긴 활주로처럼 뻗어 있는 것도 있다. 그림이 그려진 면적을 전부 합하면 무려 1천3백 평방킬로미터에 달한다.

누가 언제 그렸는지에 대해 추측조차 불가능한 나스카의 지상화

누가 언제 그렸는지에 대해서도 추측하기 힘들다. 몇몇 학자들은 2000년 전이라 하고 그 전후일 가능성이 높다고 주장하는 학자들도 있다. 또 그린 목적 역시 밝혀지지 않고 있다. 어떤 것은 천문학이나 역법曆法과 관련이 있는 것처럼 보이며, 어떤 것은 의례와 관련된 것으로 보

마치 바둑판을 연상케 하는 거대한 나스카의 도형. 그러나 학계의 관심을 끌지 못하고 있다.

비행장 활주로를 연상케 하는 나스카의 도형. 길이가 8킬로미터에 달한다.

인도의 만다라를 연상시키는 이 도형은 나스카의 지상화가 의례와 관련있다는 추정을 가능케 한다.

인다. 다만 이 지역의 기후조건이 극도로 건조한 덕택에 지금까지 남아있다는 점에서는 학계의 견해가 일치한다.

과연 누가 이 엄청난 도형을 기술적인 도구 없이 그릴 수 있었을까. 그리고 무엇 때문에 그린 것일까. 이곳이 학자들의 본격적인 주목을 받기 시작한 것은 1941년 미국의 역사학자 코삭 부부가 나스카의 평원 위에 신비스런 문양이 수 킬로미터 분포된 것을 발견하면서부터였다. 그 뒤, 나스카의 수수께끼에 관한 수많은 학술논문을 통해 온갖 추론이 무성하다가 소리 없이 사그라지고 있는 게 오늘의 현주소이다.

나스카를 가장 많이 찾아온 인물 중에는 선사시대 연구가인 에리히 폰 데니켄을 빠뜨릴 수 없다. 1995년, 나스카에서 멀지 않은 산악지역 팔파와 인접한 인게니오 계곡에서 바둑판 모양의 도형과 인도의 만달라를 연상시키는 복잡한 그림을 발견한 그는 놀라움을 금치 못했다. 그때까지 그 어느 나스카 전문가조차 몰랐던

지상화였던 것이다.

언젠가 나스카를 방문한 그는 때마침 시간적 여유가 있었기에 뻗어있는 직선들, 그 중에서 가장 긴 것은 언뜻 보기에도 20킬로미터가 넘었는데, 그 직선들이 모두 한 지점을 향하고 있다는 사실을 깨달았다. 그는 조종사에게 그 중 한 선을 따라가 보자고 했다. 분명 어딘가 끝나는 지점이 있을 것이라는 판단에서였다.

인공위성에서 촬영한 나스카 도형. 흰색 원형 내에서 선들이 교차하고 있음을 알 수 있다.

얼마쯤 갔을까, 이제까지 전혀 보지 못했던 엄청난 크기의 기하학 도형이 돌연 눈앞에 나타났다. 순간, '저것은 오늘날 만들어진 군사시설의 하나'라는 생각이 들었다. 하지만 그것은 군사시설이 아니었다. 좀더 하늘 높이 올라가자, 그 도형은 더 큰 도형의 일부에 불과하다는 사실을 깨달았다.

그날 저녁, 그는 나스카 비행협회 소속 파일럿 12명과 저녁식사를 하면서 그 그림을 언제 처음 보았는가에 대해 질문했다. 파일럿들은 이구동성으로 그것들은 원래 그 자리에 있었다고 했다. 고향으로 돌아온 그는 나스카에 관한 전문서적을 다시 한번 살펴봤지만, 그가 새로 발견한 도형에 관해서는 단 한 줄의 언급도 없었다. 대부분 땅위에 그려진 도형만을 언급하고 있을 뿐이었다.

과연 산중에 숨어있던 그 도형의 의미는 무엇일까. 다른 나스카의 지상화처럼 그것 역시 지금으로서는 설명이 불가능하다.

페루 남부 해안지대의 나스카 지역에서는 기원전 500년부터 파라카스 문화가 600년간을, 이어 나스카문화가 800년 동안 이어져 왔다. 사진은 나스카 고원 일대에 널려 있는 옛 유골 조각들

잉카의 은신처 '파이티티'의 전설

판티아콜라 고원의 위성사진. 대칭되는 8~10개의 구릉 비슷한 형체가 하늘을 향해 솟아 있다.

1976년의 어느 날, 워싱턴 DC에 자리 잡은 미 항공우주국 본부가 수신한 위성사진 한 장은 전세계 고고학계를 흥분의 도가니로 몰아넣었다. 등록번호가 C-S11-32W071-03인 그 사진은 페루의 남동부 상공에서 찍은 것이었다. 문명의 손길이 닿지 않은 판티아콜라 고원지대에 대칭으로 배열된 8~10개의 점이 하늘을 향해 솟아있었다. 확대경으로 보면, 그 점은 거대한 돌덩어리의 그림자였다.

지질학적 변화과정에서 생긴 자연구조물일까. 아니면 인공적인 건축물일까. 전문가들의 견해가 분분했지만, 확실한 점은 그 돌덩어리가 잉카제국의 요새도시 마추피추에 3배에 이르고 이집트 나일강 서안 기자의 대피라미드와 맞먹을 정도의 크기라는 사실이다. 참고로 페루 중남부 안데스산맥에 있는 마추피추는 두 개의 뾰족한 봉우리 사이 말안장 모양의 지역에 위치하고 있는데, 면적이 13평방킬로미터이고 신전 하나와 3천 개가 넘는 계단과 연결된 테라스식 정원으로 둘러싸인 성채이다. 그리고 대피라미드는 세계 7대 불가사의의 하나로서, 밑변의 평균 길이가 2백30미터, 높이가 1백47미터에 달하는 규모이다. 지금까지 인류가 만든 단일 건축물로는 가장 규모가 크다. 이 거대한 건축물에는 평균 2.5톤 무게의 돌이 2백30만 개 사용되었다.

그럼 판티아콜라의 이 독특한 구조물은 왜 지금까지 세상에 전혀 알려지지 않은 것일까. 이유는 간단하다. 사람의 발길이 닿을 수 없는 정글 속에 있기 때문이다. 더욱이 그곳은 외부세계와 거의 접촉하지 않는 마치구엔가 인디언들이 살고 있는 지역이다.

1960년대 중반부터 마치구엔가 인디언들과 접촉하고 있던 몇몇 사람 중에 요시하로 세키노라는 29세의 일본인 의학도가 있었다. 그는 판티아콜라 밀림을 누구보다도 훤히 알고 있던 사람이었다. 1977년의 어느 날, 신문 보도를 통해 판티아콜라 구조물에

3천 개가 넘는 계단과 정원으로 둘러싸인 잉카제국의 요새도시 마추피추. 면적이 1.3평방킬로미터에 달한다.

대한 소식을 접한 그는 직접 촬영할 목적으로 밀림 속으로 들어갔다. 하지만 무사히 촬영을 마치고 돌아온 뒤에 찍은 사진을 인화해 보니, 하나같이 엉망이었다. 카메라에 결함이 있었던 것이다. 다행히 한 장은 괜찮았다. 사진으로 본 구조물은 누가 봐도 검푸른 땅에서 솟구쳐 오른 '구릉과 비롯한 다섯 개의 초록빛 구조물'이었다.

그는 다시 한 번 그곳을 찾아가기로 했다. 혹 또다시 실수할지 모른다는 생각에 이번에는 카메라를 여러 대 준비했다. 하지만 그 날 이후 그의 소식을 들은 사람은 아무도 없었다.

그 뒤, 이곳을 탐험한 사람은 1996년 탐험가이자 학자인 그레고리 데이어맨지언이 지휘한 미국 탐사팀이었다. 그들은 페루 출신 안내인과 마치구엔가 인디언의 도움을 받아 밀림 속으로 발길을 내디뎠다. 목적은 좌우 대칭으로 배열된 그 물체의 비밀을 밝히기 위해서였다. 엄청난 폭우와 곤충에 시달리며 하루하루 밀림

외부세계와의 접촉을 꺼리는 마치구엔가 인디언들 때문에 판티아콜라 고원은 가까이 촬영하기가 힘들다.

1996년 세계 최초로 판티아콜라 고원을 걸어서 올라갔던 탐험가 데이어맨지언(왼쪽 사진의 맨 왼쪽 인물)

을 헤쳐 나가던 끝에 마침내 목표 지점에 도착할 수 있었다.

이들은 탐사 보고서에서 "그 물체는 침식된 거친 사암이었다. 사람의 손으로 가공한 흔적은 전혀 찾아볼 수 없었다. 엄청난 높이의 돌덩어리는 위성사진의 모습과는 전혀 달랐다. 돌덩어리마다 크기와 높이가 각양각색이었다. 더욱이 그곳의 기후는 아주 습하고 무더워서 곤충들이 우글거렸으며 원시림에서 살고 있는 마치구엔가 인디언들조차 접근을 꺼리는 황무지였다"고 했다. 몰락한 문명의 흔적 같은 것은 전혀 없었다는 이야기이다.

하지만 그들은 또 한번 탐사를 계획하고 있다. 몇 년 전, 그곳에서 우연히 고대 잉카제국의 도로를 발견했기 때문이다. 그 도로의 끝을 찾아가면 지금까지 발견되지 않은 잉카의 은신처 '파이티티'에 얽힌 전설을 밝혀낼 수 있지 않을까 하는 기대감을 갖고 있는 것이다.

아마존 밀림의 상형문자와 오벨리스크

미 대륙에 등장한 최초의 인류는 아시아의 몽골 인종에 속하는 수렵민이었다. 이들은 2만~3만 5000년 전의 빙하시대 말에 시베리아로부터 당시 연결되어 있던 베링해협의 육교를 건너 북아메리카로 이주했다. 불을 사용하고 개를 기르는 것이나 특수한 의식과 치료법 등 문화적인 특징이 아시아 문화와 비슷했다. 이들은 오리건에서 멕시코 북부지역, 태평양 연안에서 로키 산맥 동쪽에 이르는 지금의 미국 서부지역 전체에 흩어져 살다가 약 1만 1000년을 전후하여 애리조나, 뉴멕시코, 텍사스 서부 고원지대에서 클로비스 문명이 융성한 이후, 니카라과에서 멕시코 북부지역에 이르는 중앙아메리카, 그리고 테에라델푸에고, 아르헨티나, 칠레 남부지역, 그란차고 중남부 평원지역, 안데스 중부지역 등 남미대륙으로 옮겨가 정착했다. 그러므로 클로비스 문명시대에는 아마존 원시림에 그 어떤 문명도 존재하지 않았다.

클로비스 문명의 흔적 가운데 가장 관심을 끄는 것은 1932년 텍사스의 한 유적에서 발견된 투사촉인데, 방사성탄소 연대측정을 해보니 약 3만 7000년 전의 것으로 추정되었다.

이상의 내용이 오늘날 아메리카대륙 역사의 시원에 대한 학계의 정설이다. 하지만 인류학자인 일리노이대학의 안나 루즈벨크 교수는 이러한 이론은 수정되어야 한다고 주장한다. 그녀는 1996년 「사이언스」지에다가 클로비스 문명과 동시대에 아마존 밀림에는 또 다른 문명이 있었다는 견해를 피력한 것이다.

그녀의 주장에 따르면, 브라질의 밀림 깊숙한 곳에 위치한 카베르나 데 페드라 핀타다를 탐사하다가 몬테 알레그레 근처에서 길이 1백 미터, 너비 80미터, 높이 30미터나 되는 암석과 유물들을 발견했다는 것이다. 그곳에서 발굴된 창촉과 음식 찌꺼기의 연대를 측정해 본 결과, 1만 1200~1만 년 전의 것으로 추정됨으로써 당시 카베르나 데 페드라 핀타다에는 이미 인간이 살고 있었다는 주장이다. 그들은 주로 동굴에서 거주했고 수렵채집생활을 했지만 놀랄만한 예술품을 남겼는데, 그곳의 거대한 암석에는 인간이나 동물 그림들과 천문학적·기하학적인 그림들이 암각되어 있다고 했다.

하지만 페드라 핀타다를 조

페드라 핀타다의 거대한 암석에 양각된 그림들. 도형 중에서 공룡의 모티브가 특히 눈길을 끈다.

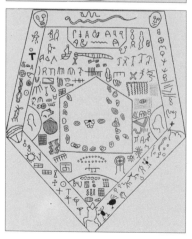

사한 사람은 그녀가 처음이 아니었다. 이미 1958년경 프랑스의 인종학자 마르셀 호메 교수가 페드라 핀타다를 조사하고 『태양의 아들들』이란 저서에서 다음과 같이 주장했었다.

"이 특이한 유적지에서 발견된 예술적·종교적 모티브들은 너무나 많아서 가장 중요한 것들만 골라 촬영하고 스케치하는 데에 며칠이 걸렸다. 그리고 이미 많은 사람들이 탐사하여 세상에 널리 알려진 유적지이지만 학계만은 관심을 두지 않고 있다. 학계는 아직까지도 뱃사공들의 소일거리에 불과한 작품이었다고 주장하는데, 이 엄청난 기념물을 그토록 무시하는 이유가 무엇인지 궁금하다."

과연 아마존에는 우리 인류가 풀어내지 못한 문명이 존재하는 것일까. 재미있는 사실은 1959년 살바도르의 대지주인 멜치오르 디아스 모레이아가 탐험에 나섰다가 실종된 1천4백 명을 찾기 위해 밀림 속으로 들어간 적이 있었는데, 황금과 보석 등을 잔뜩 짊어지고 돌아왔다는 사실이다. 이 때부터 사람들 입에는 원시림 속에 황금의 도시가 있다는 소문이 오르내렸다.

현재 리오데 자네이로의 국립도서관이 소장하고 있는 1753년의 문서도 주목할 필요가 있다. 그 문서는 1750년 살바도르 다 바이아의 오지에 있는 브라질 밀림을 정찰했던 무장수색대에 관한 것으로, 당시 수색대원들은 원시림에서 황폐한 도시를 발견했다고 했다. 조각상, 오벨리스크, 엄청난 양의 이상한 문자도 보았다고 적혀 있다.

그런가 하면, 영국의 탐험가 콜로넬 퍼시 해리슨 퍼셋의 실종 사건도 의문투성이이다. 그는 '원시림의 탑'과 석조 건축물, 그리고 상형문자와 비슷한 암벽의 문자를 찾아내겠다는 생각에 1925

년 3월 친구와 당시 21세였던 아들과 함께 아마존 밀림 탐험을 떠났다. 목적지는 동부 바이아의 디아만티나 고원지대에 있는 다이아몬드 광산이었다. 물론 마토그로소라고 불리는 대밀림 한복판에 있다고 믿은 잃어버린 옛 도시를 탐험하고자 하는 목적도 포함되어 있었다.

하지만 세 사람은 두 달 뒤인 5월 말에 싱구강 가까운 밀림에서 마지막 소식을 전한 후 실종되고 말았다. 그의 마지막 편지에는 "나는 지금 남위 11도 43분, 서경 54도 53분을 지나고 있습니다. 모든 일이 별 탈 없이 잘 되어가고 있습니다. 어느 탐험보다도 큰 사명감을 느끼고 있으므로 기어코 옛 도시를 찾고 돌아가겠습니다" 라고 적혀 있었다. 함께 동행했던 토박이 인디오들이 옛 도시를 탐험하면 악마의 저주를 받는다면서 더이상 갈 수 없다고 우기는 바람에 그는 이들을 돌려보내면서 전한 편지였다.

아마존 밀림에는 아직도 우리가 풀지 못한 문명의 흔적이 너무나 많다. 사진은 페드라 핀타다의 암각화

페루에는 옛부터 전해 오는 전설이 있다. 남미대륙 한 가운데 밀림 저편에서 아마존강과 그 샛강을 따라 페루로 왔다가 잉카군에 쫓긴 챙카족의 수도 마노아라는 황금도시에 대한 이야기이다.

아무튼 길을 잃어버렸는지, 인디언에게 살해당했는지, 아니면 알지 말아야 할 비밀을 알게 된 까닭인지, 아직까지도 그의 실종은 풀리지 않는 미스터리이다. 그를 찾기 위해 수색대가 여러 차례 조직되었지만 그 수색대마저 일부는 돌아오지 못했다. 그러던 1932년의 어느 날, 스위스의 슈테판 라틴의 보고서가 사람들을 놀라게 했다. 그는 보고서에서 그 지역 인디언 추장이 마련한 연회에 참석했다가 겪은 일을 기술하고 있다.

"해가 지고 연회가 시작한지 얼마 지나지 않아서 누리끼리한 수염을 달고 가죽옷을 두른 한 노인이 나타났다. 한 눈에도 백인이란 걸 알 수 있었다. 추장은 그에게 엄한 눈초리를 보내면서 다

20세기 탐험사상 최대의 미스터리로 남은 퍼셋 탐험대의 마지막 기념사진. 가운데 인물이 퍼셋이다.

른 사람들에게 뭐라고 지시했다. 그러자 몇 명의 인디언이 그 노인을 후미진 곳으로 끌고 갔다. 나와 좀 떨어진 곳에 앉아 있는 그 노인의 얼굴은 매우 슬픈 표정이었고 좀처럼 내게서 눈길을 떼지 않았다.

다음날 새벽, 인디언들이 잠든 틈을 타서 그 노인이 내게 다가왔다. 먼저 나에게 영어로 영국인이냐고 물어왔다. 나는 스위스 사람이라고 답했다. 그러자 이번에는 '당신은 나의 친구인가요?'라고 되물었고, 나는 그렇다고 했다. 그 노인은 낮은 목소리로 '나는 영국인 콜로넬이라고 합니다. 영국 영사관으로 가서 그곳의 페이젯 소령에게 내가 여기 붙잡혀 있다고 전해주십시오'라고 했다. 나는 그러겠노라고 약속했다."

그 후 얼마 지나지 않아서 수색대는 밀림에서 콜로넬 퍼시 해리슨 퍼셋의 물건들을 발견했지만, 그를 만났다는 슈테판 라틴의 말을 믿는 사람은 거의 없었다. 어쨌든 콜로넬의 실종 사건은 세월이 흘러감에 따라 점점 사람들의 관심에서 멀어졌다.

1996년 은행가 출신인 제임스 서스턴 린치는 탐사대를 조직하여 칼라팔로스 인디언들이 살고 있는 마투그로스의 싱구 국립공원을 탐색하겠다고 나섰다. 그 옛날, 고도의 문명을 이룩했다는 원시림의 신비스런 도시와 콜로넬의 실종 이유를 밝혀보겠다는 의도였다. 하지만 인디언들은 그들의 방문을 허락하지 않았다. 비디오 카메라와 무선장비 등을 빼앗더니 마침내 무기를 들이대며 강제로 쫓아냈다.

진시황 고분, 미라, 그리고 한 장의 지도

일반적으로 피라미드라고 하면, 이집트를 먼저 떠올리기 쉽다. 그러나 피라미드는 이집트에만 있는 것이 아니다. 현재까지 밝혀진 것만 봐도 수단, 에티오피아, 서아시아, 그리스, 키프러스, 이탈리아, 인도, 멕시코, 남아메리카, 그리고 태평양의 몇몇 섬에 세워져 있다. 중국에도 피라미드 형태의 구릉이 있다. 그 중 상당수는 학술적인 연구는커녕 조사조차 제대로 이루어지지 않고 있다. 이대로 가다가는 있다는 사실조차 잊혀질지 모른다.

1970년대까지만 해도 중국은 철저한 사회주의 국가여서 문화유적에 대한 정보가 극히 제한적이었다. 그러다가 점차 문호를

'백색 피라미드'라 불리는 중국의 고분

봉괴 위험에 처해 있는 중국의 고분. 귀중한 인류 문화유산이 방치되고 있다는 사실이 안타깝다.

개방하면서 다양한 정보가 서방으로 들어오고 있다. 1990년대에 들어와 독일의 아마추어 고고학자 하르트비히 하우스도르프가 '백색 피라미드'라 불리는 고분을 촬영했다. 이 고분은 그때까지 1947년경 찍은 흑백 사진을 제외하고 전혀 기록에 남아 있지 않았다. 누가, 언제 만들었는지, 규모는 어떠한지 등에 대한 것은 그

중국의 피라미드형 고분 가운데 상당수는 학술적인 조사조차 제대로 이루어지지 않은 상태이다.

세계 최대의 고분인 진시황릉 발굴물들은 20세기 최대의 고고학적 성과로 손꼽힌다.

70만 명이 동원되었고 40년 이상 걸린 이 고분에서 출토된 유물만도 7천여 점에 달한다.

만두고라도 지금까지 제대로 남아 있는지조차 불투명하다.

　중국의 고분 가운데 가장 널리 알려진 것은 중국을 최초로 통일하고 만리장성 건설에 착수했던 진시황(기원전 259~210년)의 고분이다. 동서 4백85미터, 남북 5백15미터, 높이가 76미터로 전

도기로 만들어진 테라코타들이 실물 크기여서 살아있는 사람을 모델로 삼았을 것으로 추정된다.

세계에서 가장 규모가 큰 이 고분은 산시성山西省 시안西安의 동쪽에 있다. 동원된 인력이 80만 명에 달했고 40년 이상 걸려서 완성했다고 한다. 고분의 전체 면적은 56평방킬로미터에 이르며, 그 중 묘가 차지하는 면적은 2평방킬로미터이다.

1974년 우물을 파던 농부들에 의해 발견된 이 고분의 바깥벽으로부터 1.2킬로미터 떨어진 곳에는 황제를 호위하듯 전투태세를 갖춘 테라코타 병사들이 있다. 도기로 만들어진 실물 크기의 전사들과 군마, 전차 등 7천여 점은 20세기 최대의 고고학 발굴물로 손꼽히고 있다.

특히 이들 도용陶俑은 금방이라도 전통箭筒에서 화살을 빼내 시위를 당길 듯한 병사, 몸을 살짝 굽히고 두 손을 내밀어 고삐를 잡는 전차병 등 똑같은 모양이 하나도 없는 것으로 보아 실물을 모델로 삼았을 것으로 추정된다. 그들은 모두 진짜 칼과 창, 화살 등을 지니고 있는데, 그 무기들은 하나같이 썩지 않았다. 화살촉과 칼 등에는 구리, 주석, 마그네슘, 니켈, 코발트 등 13가지 성분이 섞여 있었다.

이밖에 실제의 마차, 철제 농기

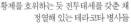
황제를 호위하는 듯 전투태세를 갖춘 채
정열해 있는 테라코타 병사들

구, 청동 및 가죽 재갈 등을 비롯하여 도금한 청동검이 출토되었다. 실험 결과, 청동검은 두꺼운 종이뭉치를 단번에 잘랐고 표면에는 녹슬지 않도록 크롬 화합물로 산화 처리되어 있었다. 청동기 마차는 고분 서쪽의 또 다른 장소에서는 발견되었는데, 머리 부분을 금과 은으로 장식한 네 마리의 말이 끄는 마차로서, 그 크기는 실물의 절반 정도이다. 중국에서 이제까지 발견된 것 중 가장 오래되고 큰 것이다.

황제의 무덤 자체는 아직 발굴이 되지 않은 상태이다. 아마도 4면으로 된 피라미드 형태의 흙 둔덕 바로 아래 내벽 안에 원형 그대로 보존되어 있을 것으로 짐작된다. 중국의 역사가 사마천(기원전 145~86년)이 저술한 『사기』의 기록을 보자.

"그가 황제가 되자마자 엄청난 토목공사가 시작되었다. 온 나라에서 끌려온 70만 명이 거기서 일했다. 그들은 세 군데나 지하수가 흐르는 곳까지 파 들어가 무덤을 만들었다. 청동으로 바닥을 깔고 그 위에 관을 안치했다. 궁전, 누각, 집무실의 본을 만들고 멋진 그릇, 값진 석재와 진귀한 물건들로 묘지를 가득 채웠다. 그들은 침입자가 나타나면 석궁이 자동적으로 발사되도록 장치하라는 지시를 받았다. 양쯔강揚子江과 황허강黃河, 심지어 동중국해와 남중국해까지 수은으로 모형을 만들어 흐르게 하고 기계적으로 순환되도록 장치했다. 반짝이는 천상의 성좌를 천장에 설치하고 금과 은으로 새를 만들었으며 옥을 쪼아 소나무를 만들었다. 마차는 바닥에 진열했다. 등불은 고래 기름을 연료로 써서 영원히 꺼지지 않도록 했다."

오른쪽 사진은 진시황릉에서 출토된 테라코타. 마치 살아있는 사람인 것처럼 눈빛과 표정이 생생하다.

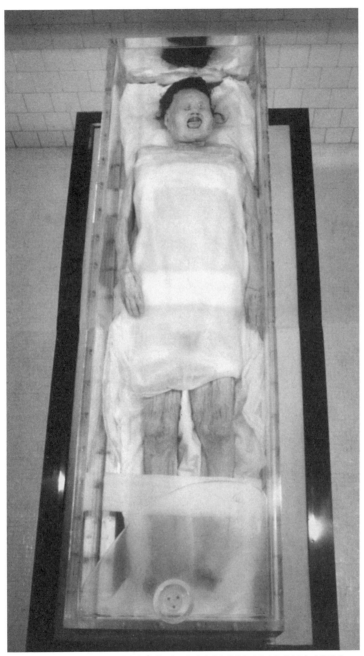

중국 후난성 창사고분에서 발견된 여성 미라. 피부와 근육의 탄력이 완벽한 상태여서 세상을 놀라게 했다.

어쩌면 진시황의 고분을 아직까지 발굴하지 않은 이유가 여기에 있을지 모른다. 우선 중국의 현재의 고고학 지식으로는 고분 속의 엄청난 발굴물들을 훼손 없이 보관하기에 벅차다. 자금 역시 미흡하다. 그리고 무덤 내부가 유독한 수은가스로 차 있다는 점도 고려했을 것이다. 그래서 중국의 고고학자 유안 총귀는 "언젠가 학문과 기술이 발전한다면 고분의 비밀은 풀 수 있다"고 말한다.

과연 진시황릉에는 얼마나 많은 유물들이 있을까. 그것에 비해 규모가 훨씬 작은 후난성河南省 고분에서도 엄청난 유물이 발굴되어 고고학자들을 놀라게 했는데, 진시황릉이 어떠하리라는 것쯤은 능히 짐작할 수 있는 일이다.

후난성 고분들은 1972~74년 사이에 발굴을 완료했다. 한나라 시대의 것으로 알려진 이곳 고분들은 창사長沙 동쪽 변경지역에 위치하고 있다. 특히 완벽하게 보존된 여성 미라가 발굴되어 관심을 끌었는데, 석관 속에 안치된 이 미라는 80리터의 노란색 액체 속에 보관되어 있었다. 물론 그 액체의 성분은 아직까지 밝혀지지 않고 있다.

놀라운 사실은 이 미라가 마치 며칠 전에 죽은 사람처럼 세포 조직이 주사에 반응을 보였다는 점이다. 1994년 이 미라를 직접 조사한 중국 고고학의 전문가인 하르트비히 하우스도르프의 말을 들어보자.

"미라를 처리한 사람의 방부처리 기술은 대단히 탁월했다. 창사의과대학의 해부 결과를 보면, 세포 조직과 내부 장기에 전혀 손상이 없었다고 한다. 황색 피부도 변색되지 않았고 근육의 탄력도 완벽했다. 의사들은 하나같이 기적 같은 일이라고 말한다.

그 방부 기술은 전 세계적으로 유례가 없을 정도로 뛰어났다."

현재 이 미라는 후난역사박물관의 지하실에서 전시되고 있다.

창사 고분에는 세상을 놀라게 만든 또 하나의 유물이 있다. 세계에서 가장 오래된 지도이다. 안타깝게도 그 지도는 지금까지 서방세계에 거의 알려져 있지 않다. 한쪽 길이가 96센티미터인 정사각형의 이 지도에는 인접 지역인 광시廣西·광둥廣東·후난湖南 지방이 표시되어 있다. 즉, 후난성의 다오시안에서 시작하여 시아오강의 계곡을 거쳐 광동성의 난하이에 이르는 지역을 18만분의 1로 표시하고 있는데, 그 정확도가 위성사진에 뒤떨어지지 않는다고 한다.

한편, 1930~50년대에 걸쳐 보쿰 대학은 중국의 고대 문화유산을 보존할 목적으로 문화유적 항공지도를 제작했다. 일본과 미국 공군의 도움을 받아 제작한 이 지도에는 핑링平凉 동쪽에 위치한 1백80미터 크기의 피라미드형 건조물을 비롯하여 한나라 시

세계에서 가장 오래된 중국의 지도. 18만분의 1로 표시되었지만 그 정확도가 위성사진 못지않다.

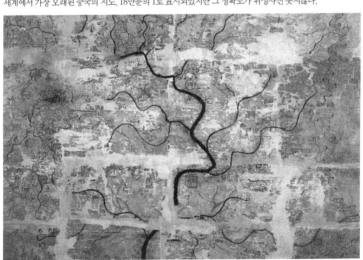

대의 고분들이 상당수 포함되어 있다.

하지만 막상 현지에 가보니, 고분은 5분의 1 정도가 이미 훼손된 상태였다. 항공사진에는 그 주위에 작은 고분들이 수없이 나타나 있지만, 현지에서는 단 하나도 발견할 수 없었다. 명나라 (1368~1644년) 때 축조된 위싱의 성벽 역시 흔적도 없이 사라졌다. 현재 워싱턴의 국립문서 및 기록관리국에는 중국대륙의 문화유산을 촬영한 3만 점의 항공사진이 보관되어 있다. 지금으로서는 그 사진들이 언제 빛을 볼 것인지 요원하기만 하다.

1천 미터 고원지대에 있는 돌항아리들

하늘에서 본 시앙쿠앙 고원지대 전경.

라오스의 수도 비엔티안에서 북동쪽으로 2백 킬로미터 떨어진 시앙쿠앙 고원은 계곡으로 둘러싸여 있다. 1960년대 라오스 내전 당시 작전기지로 사용되면서 전략적인 중요성 때문에 쟁탈전이 심했지만, 해발 9백~1천1백 미터의 석회암과 사암 구릉이 대부분이고 풀 또는 관목으로 뒤덮여 있어서 사람들이 거의 살지 않는 지역이다. 그러나 프랑스인들이 이 지역에서 수 백 년 된 장례식용 석재 조각인 항아리*jar*를 발견한 뒤에는 세계 고고학계의 주목을 받기 시작했다. 이곳은 일명 '항아리의 평원'이란 뜻으로 자르 평원이라고도 불린다.

항아리의 크기는 거대하다. 높이 1~3미터, 직경 1~2.7미터, 그리고 무게 6~7톤에 이르는 항아리 2백50여 개가 여기저기 널려 있다. 이 항아리들은 처음에는 그 재료가 점토인 것으로 알려졌으나 독일 고고학연구소의 안드레아스 라이네케 박사의 연구에 따르면 돌(사암)로 만들어졌다. 그러나 이 엄청난 크기의 항아리를 누가 무엇 때문에 만들었는지에 대해서는 지금까지 온갖 추측만이 난무할 뿐이다. 주변에 있는 거석으로 미루어 대략 2000년 전의 것으로 추정되고 있다.

이 지역의 토착민들은 항아리가 지금으로부터 1천5백 년 전의 전쟁 승리를 기념하는 작품이라고 이야기한다. 그 옛날, 이 고원은 챠오 앙카라는 폭군이 지배하고 있었는데, 그의 폭정을 견디다 못한 사람들이 북쪽의 자비로운 쿤 쥬암 왕에게 도움을 요청했고 마침내 쥬암 왕이 군사를 일으켜 챠오 왕카를 쳐부쉈다. 쥬암 왕은 전쟁 승리를 축하하기 위한 과실주를 빚기 위해 거대한 돌 항아리를 만들었다는 것이다.

이 이야기를 믿는다고 해도 술을 빚기 위해 그토록 큰 항아리를 만들 필요가 있는지가 궁금하다. 또 그것이 사실이라고 해도 어떻게 거대한 돌을 이 높은 고원지대까지 운반했는지는 미스터리가 아닐 수 없다.

1899년부터 이 지역에 관심을 두었던 프랑스의 고고학자 마들레인 콜라니는 베트남 북부지방에서 선사시대 유물을 발굴한데

해발 1천 미터 고원에 널려 있는 항아리들. 그 숫자가 무려 2백50여 개에 달한다.

이어, 1931년 시앙쿠앙 근처의 반앙에서도 거대한 돌 항아리와 함께 청동으로 만든 도구와 팔찌, 조가비 껍질, 홍옥수紅玉髓와 유리로 만든 구슬 등을 발굴했다. 스트라스부르그에서 태어난 그녀는 당시 프랑스 식민지였던 이곳으로 건너와 줄곧 자연사 연구 활동에 몰두하고 있었다.

그녀는 반앙에서 출토된 청동제 도구들이 바로 항아리를 만들었을 때 쓰였을 도구로 추정했다. 그리고 돌항아리는 일종의 유골 단지일 가능성이 높다고 했다. 우선 항아리 내부에서 불에 그슬린 흙과 인간의 뼈가 발견되었고 항아리가 발견된 지역 가까운 곳에서 굴뚝 형태의 돌무더기와 불에 탄 인골人骨 등이 발견되었기 때문이었다. 하지만 이 지역은 굴곡이 심한 고원지대라는 점에서 당시 사람들이 엄청난 크기의 돌덩어리를 아주 먼 거리에서 운송해온 것으로 추정하는 그녀의 결론은 모든 의문점에 대해 완전한 해답을 주지 못하고 있다.

안타까운 일은 그녀 이후 그 누구도 이 지역에 대해 관심을 기울이고 있지 않다는 점이다. 발굴 작업 역시 중단된 상태이다. 이 지역이 1980년대 말까지 엄청난 전쟁과 이념의 소용돌이 속에서 대혼란을 겪었고 아직도 그 후유증이 남아있기 때문이리라.

높이 1~3미터, 직경 1~2.7미터,
무게 6~7톤에 달하는 이 항아리들은
무엇에 쓰인 물건일까. 술단지, 또는
유골단지로 추정하기도 한다.

아틀란티스에 관한 기록이 숨겨져 있을까

세계 7대 불가사의의 하나이며 단일 건축물로서 인류 역사상 가장 거대한 이집트의 대피라미드는 이집트 고왕국시대의 제4왕조 쿠프왕(그리스어로 케오프스)이 세운 것으로 알려져 있다. 기원전 2500년 전에 축조되었다는 것이 고고학계의 통설이다.

내부 구조를 살펴보자. 지상 18미터 지점에 위치한 입구에서 복도를 따라 비탈져 내려가면 지하실이 나오고 여기서 연결된 복도를 따라 위로 올라가면 '여왕의 방'으로 알려진 방과 46미터 길이의 커다란 경사진 회랑回廊이 나온다. 이 회랑의 윗부분에 흔히 '왕의 방'이라 불리는 시체 안치실로 통하는 길고 좁은 통로가 있다. '왕의 방' 내부 벽과 천장은 모두 화강암으로 되어 있는데, 2개의 좁은 구멍이 내부를 비스듬하게 통과해 외부로 나 있다. 그리고 '왕의 방' 위쪽에는 거대한 화강암 석판이 수평으로 배치된 5칸의 방이 있다. 석

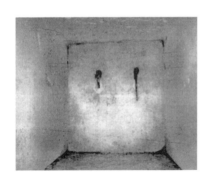

왼쪽 사진은 지금까지 전혀 알려지지 않은 대피라미드 내의 '비밀의 방' 출입구. 오른쪽 사진은 대피라미드 전경

판을 설치한 목적은 시체 안치실 천장에 놓인 석재 덩어리들이 누르는 엄청난 압력을 분산시키기 위한 것으로 보인다.

1987년 이집트의 아메리칸 리서치센터와 스위스 취리히의 남부 감리교대학, 스위스 공과대학은 이 피라미드가 지금까지 알려진 기원전 2500년보다 4백 년 앞선 시대에 축조되었다고 주장하여 기존 학설에 이의를 제기하고 나섰다. 1984년부터 피라미드 주변에서 채취한 크고 작은 유기물의 표본 76개를 대상으로 방사성탄소 연대측정을 해본 결과라고 했다. 그러나 이들의 주장은 학계에서 곧바로 무시당하고 말았다. 그만큼 고고학계는 보수적인 성향이 강했다.

이에 이들은 또 한번 조사를 시도했다. 주로 목탄을 감정했던 1차 때와 달리 이번에는 짚이나 풀줄기 같은 수명이 짧은 물질을 대상으로 삼고자 했다. 하지만 피라미드 모르타르 안에는 그런

세계 7대 불가사의의 하나인 대피라미드. 남쪽으로 또 하나의 비밀 입구가 있다는 주장이 제기되고 있다.

흔적이 남아 있지 않았다. 할 수 없이 1차 조사와 똑같은 방식으로 연대측정을 했는데, 결과는 1차 때와 똑같았다. 물론 1998년에 공식 발표된 2차 연구결과 역시 학계로부터 외면당하기는 마찬가지였다.

한편, 이 피라미드에 아직까지 발견되지 않은 방이 있다는 주장을 제기한 학자가 있다. 독일의 로봇공학자 루돌프 간텐브링크가 그 주인공이다. 그는 원격으로 조정할 수 있는 '우푸아우트'라는 이름의 특수 소형로봇을 이용하여 1993년 피라미드 안을 탐사했다. 우푸아우트란 이집트어로 '길을 여는 여자'라는 뜻이다. 그는 '여왕의 방'에서 위쪽으로 뻗어나간 아주 좁은 통로를 조사했는데, 그 통로의 끝에 구리 장식물이 달린 돌문이 있다는 것을 밝혀냈다. 그리고 돌문 아래로 아주 작은 틈이 나 있는 것으로 미루어 그 돌문은 지금까지 알려지지 않은 방의 출입문일 가능성이 높다는 결론을 내렸다.

하지만 조사는 거기서 중단되고 말았다. 그 이유는 필자가 1997년에 펴낸 『학문의 오류들』이란 책에 상세하게 언급되어 있다. 그나마 다행스런 일은 필자가 이 책을 집필하는 동안 이집트 당국이 '여왕의 방'에 대한 조사 작업을 비공개리에 속행하기로 결정했다는 뉴스가 전해졌다는 점이다.

사실 이 비밀의 방을 둘러싸고 사람들은 많은 관심을 나타냈다. 아마도 6백 년 전에 씌어진 고대 아라비아의 연대기 「히타트」와 관련이 있지 않을까 싶다. 그 책에는 사우리드라는 남자가 홍수를 피해 갖고 있던 수많은 보물들을 피라미드 안에 숨겨 놓았다고 적혀 있다. 그 책의 내용을 잠시 살펴보자.

"사우리드는 서쪽 피라미드 안에다가 화강암으로 30개의 보물

창고를 지었다. 그리고 보물과 값진 보석으로 만든 집기와 입상, 녹슬지 않는 강철 집기, 부서지지 않고도 접을 수 있는 유리, 이상한 부적, 여러 종류의 약품들과 독극물 등을 넣었다. 동쪽의 피라미드에는 천체와 혹성, 조상들이 만든 물건을 그렸고, 별에게 바치는 향과 그에 관한 책도 넣어 두었다. 그 책에는 주기에 따라 변하는 항성의 그림도 있고 과거와 미래의 사건들, 심지어 이집트가 멸망할 때까지의 지배자들이 예언되어 있다. 물약을 담은 그릇도 보관되어 있다."

그런가 하면, 1955년 존 오라 킨나먼(1877~1961년)이란 사람이 프리메이슨 캘리포니아 북부지부에서 강의를 하던 중 지나가는 말투로, 자신은 저명한 이집트 학자 윌리엄 플린더스 페트리 경과 함께 대피라미드로 들어가는 비밀 입구를 발견했다고 언급했다. 그 입구는 피라미드 남쪽에 있으며, 그곳을 통해 안으로 들어가자 아틀란티스 문명에 관한 기록이 있었다는 것이다. 그 때 훑어본 기록으로 미루어, 피라미드는 4만 5000년 전에 축조된 것이라고 했다. 그는 '발굴 방지장치'까지 직접 목격했다고 했다. 그러면서 그는 아직 인류가 그런 정보를 수용할 만큼 성숙되어 있지 않기 때문에 공개적으로 발표할 수 없다고 했다.

언뜻 생각하면 참으로 황당한 이야기이다. 어떻게 4만 5000년 전의 고문서를 금방 해독할 수 있었으며, '발굴 방지장치'를 금방 알아볼 수 있었을까. 한마디로 공상과학영화에서나 볼 수 있는 상상력의 산물이 아닐까 생각된다.

하지만 킨나먼이란 인물의 이력을 보면 그렇게 간단히 치부하기도 어렵다. 그는 고고학계에서는 꽤나 지명도가 높은 학자이다. 고문서연구협회 부회장, 영국 빅토리아연구소 부회장, 국제고고학자협회 회원, 그리고 5개 전문잡지 편집인에 「미국 골동품」지와 「오리엔탈 저널」지 편집장으로 명성을 날렸던 인물이다.

그는 1961년에 사망했다. 죽기 직전에 '킨나먼 성경 및 고고학연구재단'을 창설했는데, 현재 운영은 알버트 맥도날드가 맡고 있고 스티븐 멜러가 이사장이다. 이 단체는 1994년부터 킨나먼의 유품을 정리하기 시작했는데, 유품 목록에는 앞서 언급한 강연 녹취록도 포함되어 있다. 1997년 10월 「애틀랜틱 라이징」이란 잡지

대피라미드 내부. '왕의 방'으로 가는 복도

는 킨나먼의 유품에서 문제의 비밀 입구의 위치를 상세하게 적은 기록이 발견되었다고 보도했다. 하지만 당시 킨나먼과 함께 피라미드에 들어갔던 이집트 학자 페트리의 저서에는 킨나먼에 대해 한마디도 언급하지 않고 있다. 알려지기로는 두 사람 모두 프리메이슨단의 회원이었다고 한다.

최근 킨나먼 재단은 대피라미드의 남쪽에 있다는 비밀 입구를 조사할 연구자금을 마련할 계획을 세웠다고 한다. 과연 킨나먼의 주장이 황당한 것인지 진실된 것인지는 좀더 기다려봐야 할 것 같다.

신비한 물건

고고학자들은 선사시대에 고도로 발달한 문명이 존재한다면 왜 여태까지 그런 흔적을 발견하지 못했는가 라고 반문한다. 하지만 문명의 흔적은 분명히 있다. 그것을 찾겠다는 마음이 없기 때문이다. 열린 마음만 갖고 있다면 훨씬 많은 흔적을 찾아낼 수 있다.
―루이 포웰, 자크 베르기에

지금까지 밝혀진 인류 문명의 유물·유적만 봐도 우리 선조들에게는 정말 경외심이 앞선다. 앞으로 더 많은 문명의 흔적이 발견되면 그 경외심은 더욱 커질 것이다. 어쩌면 우리가 생각하는 것 이상으로 멋진 과거를 밝힐 수 있을지 모른다. 그리고 점점 기존 학설만으로 설명하기 어려운 대목이 나타날지 모른다. 50만 년이나 된 암석에서 '점화 플러그'가 나왔다면 어떻게 설명할 수 있겠는가. 이집트의 암석에서 현대식 천공의 흔적이 발견되었다면?

이젠 생각이 달라져야 한다. 상상력의 지평을 넓혀야 한다. 만일 전문 학자들이 외면한다면 누군가 이단자가 될지언정 질문을 던져야

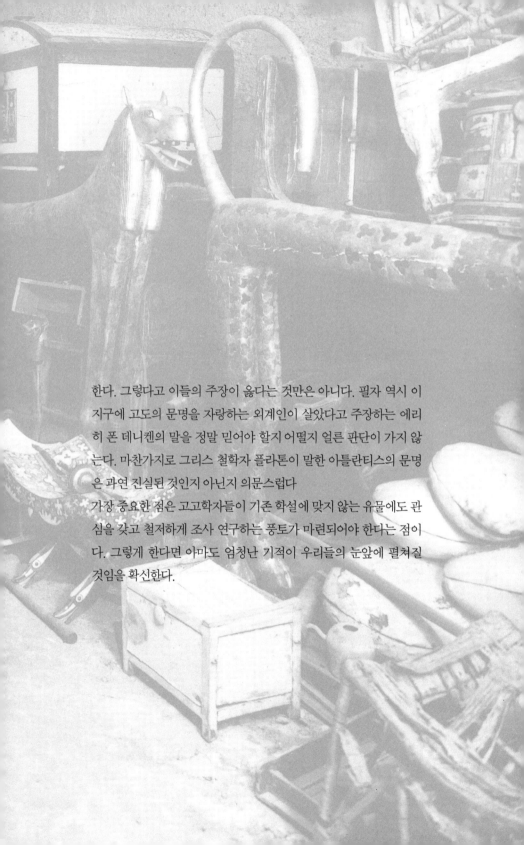

한다. 그렇다고 이들의 주장이 옳다는 것만은 아니다. 필자 역시 이 지구에 고도의 문명을 자랑하는 외계인이 살았다고 주장하는 에리히 폰 데니켄의 말을 정말 믿어야 할지 어떨지 얼른 판단이 가지 않는다. 마찬가지로 그리스 철학자 플라톤이 말한 아틀란티스의 문명은 과연 진실된 것인지 아닌지 의문스럽다

가장 중요한 점은 고고학자들이 기존 학설에 맞지 않는 유물에도 관심을 갖고 철저하게 조사 연구하는 풍토가 마련되어야 한다는 점이다. 그렇게 한다면 아마도 엄청난 기적이 우리들의 눈앞에 펼쳐질 것임을 확신한다.

정말 '지구 밖'에서 온 금속조각일까

1992년 유럽과 아시아를 가르는 우랄산맥에서 황금을 찾던 일단의 러시아 지질학자들은 이제껏 한 번도 본 적이 없는 물체를 발견하고는 탄성을 질렀다. 나선螺旋 모양의 이 물체는 크기가 너무 작아서 주의 깊게 보지 않고서는 눈에 잘 띄지도 않았다. 어떤 것은 0.03밀리밖에 되지 않았다. 더군다나 망치로 두들겨 봤지만 오히려 망치가 손상될 정도로 단단했다. 훗날 밝혀진 재료는 구리였고 텅스텐이나 몰리브덴 같은 금속으로 제작된 것도 있었다.

지질학자들은 자신들이 위대한 발견을 한 것처럼 대단히 흐뭇해했다. 하지만 비슷한 물건이 이미 나라다와 코짐, 발바뉴강의 연안에서 수 백 개나 발굴되었다는 사실을 뒤늦게 알고는 실망감을 금치 못했다.

이들 물체 가운데 특히 주목을 끄는 점은 발굴 지점이 상상을 초월할 정도로 오래 된 지층

우랄산맥 일대에서 발견된 수 만 년 전의 마이크로 테크닉?

이라는 점이다. 연대측정 결과, 발굴 현장의 지층은 2만~31만 8000년 전의 것으로 추정되었다. 심지어 용암층에서도 출토되어 그 연대는 100만 년 전으로까지 거슬러 올라갔다. 결국 그 시대 에는 인류에게 금속기술이 존재하지 않았다는 점에서 '지구 밖' 에서 만들어진 것이라는 견해가 제시되기 시작했다. 마침내 독일 의 UFO전문가들은 "오래 전에 우랄산맥에 UFO가 불시착, 외계 인들이 이를 숨기기 위해 땅속 깊이 UFO의 잔해를 묻은 것 같 다"는 주장까지 나왔다.

1995년 러시아의 언론인이자 고고학 전문가인 발레리 우바로 프는 지질학자 엘레나 마트베바 박사와 공동으로 이제껏 발굴된 장소를 중심으로 재탐사에 나섰다. 그리하여 발바뉴 강의 10만 년 된 지층에서 텅스텐 나사를 발굴하는 등 상당수의 물체를 찾

나선 중 일부는 길이가 0.03밀리미터에 불과하다. 이를 두고 UFO와 연결짓는 견해마저 제기되고 있다.

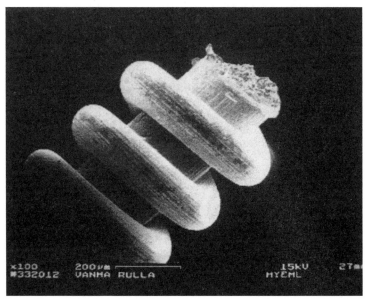

아냈다.

1996년 11월 29일 모스크바의 지질학 및 비철금속·귀금속탐사 중앙학술연구소에서 이 나사를 전자현미경으로 분석한 결과가 발표되었다. 나사에 함유된 이토층은 퇴적층이 내부 침강으로 씻겨 내려가면서 세 번째 암층의 자갈과 표석이 퇴적된 것으로 생각되며, 이 퇴적물의 연대는 약 10만 년 전이고 홍적세의 미쿨린스크 층의 수평 부분에 해당된다고 했다. 그리고 순도 1백 퍼센트 텅스텐의 끈 모양 집성암 표면에 다시 결정이 된 것으로 미루어, 홍적세 퇴적층의 조건이 비정상적이었던 것으로 보인다고 했다. 결국 퇴적층의 연대와 검사조건을 고려할 때, 이 텅스텐 결정의 기원은 우주정거장 플리세츠크의 출발 항로에 기인할 수도 있다는 가정은 현실성이 없다고 했다.

말하자면, 발견된 나사의 연대가 너무 오래되어서 현대 우주탐사활동의 잔해물로 보기 힘들다는 결론이었다. 그것은 이 물체가 '지구 밖'에서 온 것일 수도 있다는 이야기가 된다.

미국 텍사스의 공룡시대 망치?
창조론과 진화론의 논쟁

1934년 6월의 어느 날, 미국 텍사스 킴벌카운티의 작은 마을 런던에 살고 있는 32세의 엠마 한은 오랜만에 가족과 함께 나들이에 나섰다. 장소는 야노 업리프트였다. 집에서 몇 마일 쯤 걸었을까, 폭포 옆의 커다란 바위에 낯

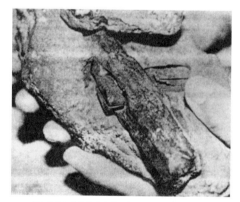

미국 텍사스에서 발견될 때부터 창조론·진화론간 논쟁을 불러일으킨 망치. 무려 1억 4000만~6500만 년 전의 것으로 추정된다.

선 물건이 눈에 띄었다. 자세히 살펴보니 나무 조각이 바위틈에 박혀 있는 것이었다. 놀라운 일이었다. 어떻게 단단한 바위틈에 나무가 박혀 있을까. 그냥 지나칠 수가 없었다. 그녀는 이상한 물건을 파내기 시작했다. 놀랍게도 그것은 망치의 나무자루였다.

현재 망치는 텍사스 글렌 로즈의 창조증거박물관이 소장하고 있다. 머리 부분은 길이가 15센티미터, 지름은 3센티미터이다. 나무자루는 내부가 일부 탄화되었고 아래 부분은 톱으로 자른 것처

럼 보인다. 1989년 오하이오주 콜럼버스의 바텔연구소가 금속의 윗부분을 분석한 결과, 철이 96퍼센트, 염소가 2.6퍼센트, 황이 0.74퍼센트인 것으로 밝혀졌다. 놀라운 사실은 금속의 순도가 대단히 높다는 점이었다. 기포가 전혀 스며들지 않은 것으로 미루어 상당한 산업기술이 만든 제품이었다. 그리고 망치가 박혔던 암석은 1억 4000만~6500만 년 전인 백악기 시대의 사암으로 추정되었다.

백악기라면 중생대의 마지막 시기로서, 쥐라기 이후이고 신생대 제3기 이전의 시기이다. 대륙들이 분리되기 시작할 때이며 인류는 아직 존재하지 않았다. 공룡과 같은 파충류가 번성하다가 서서히 멸종되던 시기이기도 하다. 이런 때에 망치가 있다니….

신의 창조를 믿는 창조주의자들은 이 망치야 말로 다윈의 진화론이 잘못되었음을 보여주는 증거라고 해석했다. 이에 맞서 진화론자들은 망치가 19세기의 물건일 수도 있다면서 창조주의자들의 주장을 반박했다.

대표적인 진화론주의자 데이브 메트슨은 1994년 출판된 자신의 저서에서, 망치가 박혀 있던 암석은 4억 3500만 년이나 5억 년 전에 시작되어 6000만 년 또는 8000만 년 간 지속된 오르도비스기의 것이라고 주장했다.

그는 그 광물을 결정체로 보는 것은 옳지만 오르도비스기에 일어난 현상은 아니라고 했다. 종류석이 자라면서 어떤 물체든지 싸안을 수 있는 것처럼, 용해된 광물도 침입한 물체 주위로 침전되어 굳어질 수 있다는 것이다. 그리고 물체가 용해된 광물의 틈속으로 들어왔을 때도 그런 일이 가능하지만 물체를 그 위에 가만히 올려놓기만 해도 똑같은 일이 일어난다는 것이다. 물론 주변의 오르도비스기 암석이 화학적으로 용해될 수 있는 상황이어야 한다고 했다. 그러나 암석이 신속하게 형성될 수 있다는 사실은 석회석 토양의 생성과정만 보아도 입증된다고 했다.

다시 말하면, 물이 순환하면서 주변 암석으로부터 광물이 용해되어 나와 망치 주변의 빈 공간에 모이고, 그곳에서 다시 결정되기 때문에 암석 형성은 오랜 시간이 걸리지 않는다는 주장이다.

그러나 독일의 지질학자 요하네스 피바크 박사는 바로 이 점이 오류라고 지적한다. 먼저 암석이 석회암인지, 사암인지, 혹은 규암인지를 정확하게 밝히는 일이 전제되어야 하는데 그렇게 하지 않았다고 했다. 그리고 암석이 오르도비스기의 것인지, 백악기의 사암인지를 검증하지 않았고, 망치를 에워싼 광물이 어떤 것인지에 대해서도 언급하지 않은 점을 지적했다.

피바크 박사는 창조주의자들의 견해에 대해서도 현실성 없는 주장이라고 일축했다. 망치와 암석을 과학적으로 조사하기 이전에는 그 어떤 해석도 추측일 뿐이라고 했다.

문제는 망치를 광물학적·화학적으로 정확하게 조사하고 연대를 측정하려면 망치 일부를 조각내서 실험해야 하는데, 망치 주인이 그것을 허용하지 않는다는 점에 있다.

50만년 전의 점화 플러그는 어디로 갔을까

캘리포니아주 코소산에서 발견된 정동석을 절단한 모습

지금으로부터 50만 년 전에 점화 플러그가 만들어졌다면 과연 그것은 어디에 쓰였던 것일까. 물론 그것은 점화 플러그가 아닐 수도 있다.

먼저 그것이 발견된 경위를 보자. 1961년 2월 13일 미국 캘리포니아주 동부의 올랜차 북동쪽에 위치한 코소산에서 마이크 마이크셀과 월레스 레인, 버지니아 맥시 등 세 사람은 정동석을 열심히 찾고 있었다. 정동석이란 돌의 내부에 있는 빈 공간에 결정이 붙어 있는 것을 말하는데, 때때로 정동석의 기포 구멍에 값비싼 수정이 들어 있는 경우가 많았다. 설사 수정이 들어 있지 않더라도 사람들이 정동석을 좋아했고 세 사람이 운영하는 선물가게에서도 찾는 사람이 많았다.

힘들게 정동석을 발견한 세 사람은 속에 수정이 들어있는지를 알아보기 위해 톱으로 암석을 잘랐다. 단단한 점토와 석영으로 이루어진 얇은 층 아래에 마노나 벽목보다 부드러운 미지의 물질로 만들어진 6각형의 층이 눈에 띄었다. 하지만 수정은 들어 있지 않았다. 대신, 한 번도 본 적이 없는 이상한 물건이 들어 있었다. 반지 모양의 구리로 에워싼 지름 20밀리의 원통이 있고, 중앙에는 2밀리 두께의 금속막대가 꽂혀 있었다. 재질은 고열처리한 도자기나 점토처럼 보였다.

누가 보더라도 그것은 요즘의 점화 플러그와 너무나 흡사했다. 뢴트겐 분석 결과, 내부에는 기계장치임이 분명한 아주 작은 물체가 들어 있었다. 한 지질학자가 암석을 연대측정을 해보니, 무려 50만 년 전의 것으로 추정되었다.

이 물건이 세상에 알려진 것은 미국 잡지 〈INFO〉지에 소개되면서부터였다. 1969년에도 소개된 적이 있었는데, 당시 이 물건을 직접 확인한 편집장 폴 윌리스는 그 생김새가 오늘날의 점화 플러그와 너무나 닮았다고 했다.

하지만 그 뒤 이 물건이 어디에 있는지는 미스터리에 속한다. 1963년 이스턴 캘리포니아박물관에서 전시한 적이 있었고, 1970년대 말에서 1980년대 초에 한 텔레비전 쇼에 선보인 적이 있다. 들리기로는 그 물건은 처음 발견했던 윌레이스 레인이 25만 달러의 가격으로 경매에 내놓은 적이 있다고 한다. 아직까지도 학계에 공식 감정을 의뢰하지 못했는데, 그만 행방불명이 되고 만 것이다.

뢴트겐으로 촬영한 정동석의 내부

고대 이집트가 현대식 천공기술을?

핵천공이라고 하면 화강암이나 경사암 같이 단단한 돌에 원통 모양의 구멍을 뚫는 것을 말한다. 요즘의 기술로 보면 별로 대수롭지 않은 일이다. 그러나 4300년 전에 정밀하게 구멍을 뚫었다면 이야기는 달라진다. 더욱이 고대 이집트에는 천공할 때 사용하는 다이아몬드가 없었다.

천공된 암석이 발견된 곳은 이집트 아브시르의 사후레 피라미드 사자死者의 신전 유적지이다. 이곳은 제5왕조 시기인 기원전

사후레 피라미드가 있는 이집트 아부시르의 피라미드군. 기원전 2450년경 세워진 것으로 알려지고 있다.

2465~2325년경에 조성된 것으로 알려졌다. 일부 학자들은 그 구멍이 사자의 신전 문에 빗장을 채우기 위한 구멍으로 사용되었을 것으로 추정하기도 한다. 하지만 당시 이집트인들이 어떻게 단단하고 두꺼운 암석에 구멍을 냈는지에 대해서는 아무도 납득할 만한 설

현대기술에 비해 전혀 손색 없는 천공 흔적

명을 하지 못하고 있다. 고대 이집트인들이 천공기에 대한 상당한 지식을 갖고 있었다고 추정해도 그 때의 기술로는 천공기를 청동으로 만들었을 것이고, 절개 도구로 수정을 사용하는 정도였을 텐데, 어떻게 해서 다이아몬드를 사용한 흔적을 남겼을까.

그 구멍이 20세기에 와서 뚫어진 것일 수도 있다는 견해가 없지는 않다. 하지만 나름대로 아브시르의 천공을 연구해온 베를린의 출판업자이자 이집트 전문가인 미햐엘 하제에 따르면, 몇 개는 최근의 것일지 모르나 대부분은 구멍 주위의 특이한 구조로 미루어 결코 요즘의 것이 아니라고 했다. 이집트학의 대가인 루드비히 보르하르트 박사 역시 이미 19세기 말에 펴낸 자신의 저서에서 고대의 것으로 단정 짓고 있다. 그는 관련된 도안을 공개하기도 했다.

물론 사후레 피라미드가 축조된 뒤 몇 차례에 걸쳐 복원 작업을 벌인 사실이 있었다. 때문에 이들 천공 중에서 몇몇은 4300년이 아닌 2000년 전의 것일 수도 있다. 그렇다고 해서 고대 이집트인들이 우리가 모르고 있는 기술 도구를 사용했다는 사실이 달라지는 것은 아니다.

고대에도 알루미늄 제조기술 있었다

독일의 출판업자 헤제만이 루마니아 아이우드에서
발견된 금속조각을 보여주고 있다.

1974년 루마니아 북서부에 위치한 아이우드로부터 동쪽으로 2킬로미터 가량 떨어진 무레시 강가의 모래밭. 사람들이 한 군데 몰려서 뭔가를 열심히 구경하고 있다. 옆에는 약 10미터 깊이로 파낸 모래구덩이가 있다. 사람들이 들여다보고 있는 물건은 모두 세 개인데, 두 개는 사람의 뼈 조각이고 다른 하나는 망치의 윗부분처럼 생긴 금속조각이다.

클루지 나포카고고학연구소와 비철함유광석·금속연구소에서 조사를 한 결과, 뼈는 수 만 년 전의 것이었고 금속조각은 극도로 복잡한 혼합금속으로 만들어진 것이었다. 특히 금속조각은 알루미늄이 89퍼센트로 가장 많았고 동 6.2퍼센트, 규소 2.84퍼센트, 아연 1.81퍼센트가 함유되어 있었다. 그밖에도 납 0.41퍼센트, 주석 0.33퍼센트, 지르코늄 0.2퍼센트, 카드뮴 0.11퍼센트, 니켈

0.0024퍼센트, 코발트 0.0023퍼센트, 바스무트 0.0003퍼센트, 은 0.0002퍼센트와 극소수의 갈리움도 들어 있었다.

길이 20.2센티미터, 너비 12.4센티미터, 두께 7센티미터인 이 금속조각은 어디에 쓰였던 물건일까. 고대인의 뼈와 같은 장소에서 발견되었다는 점은 무엇을 시사하는 것일까.

일반적으로 자연상태의 알루미늄은 빽빽한 결정구조 탓에 용해가 힘들다. 그리고 인류가 알루미늄을 공업용으로 생산하기 시작한 것은 불과 1백 년 전의 일이다. 특히 그 물체가 1밀리 두께의 알루미늄 산화물 층으로 뒤덮여 있다는 점에서 상당히 오래되었음을 알 수 있다.

학계에서는 이 금속조각에 대해 갖가지 추론을 제시하고 있다. 어느 항공기술자는 작은 비행물체의 착륙 받침대와 비슷하다고 했다. 달 착륙선이나 바이킹 우주탐사기가 부드럽게 땅에 착륙하기 위해 사용하는 비행기 다리와 같은 용도라는 것이다. 실제로

길이 20.2센티미터, 너비 12.4센티미터의 이 금속조각이 고대인의 뼈와 함께 묻힌 이유는 무엇일까.

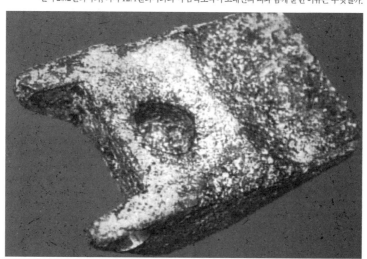

금속조각의 형태와 두 개의 긴 구멍, 옆면과 모서리에 나 있는 긁힌 자국, 그리고 가벼운 알루미늄으로 만들어졌다는 사실이 그 추정을 설득력 있게 만들고 있다.

그러나 1995년 이후 그 금속조각의 소재지는 불분명한 상태이

항공기술자들은 아이우드의 금속조각이 비행기의 착륙 받침대로 쓰였을 것으로 추정하고 있다.

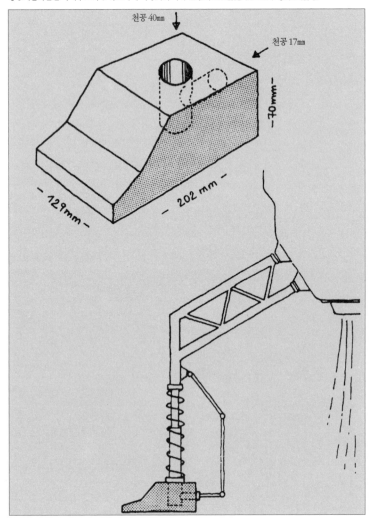

천공 40mm

천공 17mm

70 mm

129mm

202 mm

다. 발견할 당시부터 금속조각에 관심을 갖고 있던 독일의 출판업자 헤제만이 그 해 9월 26일 금속조각을 보관하고 있다는 쿨루지의 한 연구소로 찾아가서 사진을 찍었다. 훗날 밝혀진 일이지만, 그가 본 것은 처음 발견된 것과 모양이 달랐다. 처음의 것은 날개가 없었는데, 그가 찍은 사진에는 날개가 있었다. 결국 동일한 형태의 물건이 두 개 있었다는 이야기가 된다.

헤제만은 금속조각을 좀더 정밀하게 분석하고 싶다는 뜻을 연구소측에 전했다. 그리고 독일 대학에 조사를 의뢰하고 싶다고 했다. 하지만 그의 계획은 무산되고 말았다. 해외로 반출하려면 해당 관청의 승인이 필요하고, 승인을 받으려면 독일의 대학에서 공식으로 신청해야 하는데, 독일의 그 어떤 대학도 그런 서류에 서명을 하지 않으려 했기 때문이었다.

그는 현재까지도 금속조각이 정확히 어디에 있는지를 공개하지 않고 있다. 그동안 금속조각을 찾고자 애써온 자신의 노력을 인정하고 그것을 순수한 마음으로 기꺼이 조사하겠다는 학자가 나타날 때에만 공개하겠다는 것이 그의 해명이다.

그 밖의 미스터리
우리의 상식을 뒤집는 문화유산들

전 세계에는 인류의 기원이나 고대 문명과 관련하여 우리의 지적 능력으로 풀기 어려운 미스터리 발굴물들이 한두 개가 아니다. 때로는 우리가 지금까지 믿어왔던 상식이나 정설을 근본부터 뒤집기도 하다. 그 대표적인 것들을 간략하게 살펴보자.

파리인류사박물관 지하실에는 1937년 뤼사크 레 샤토에서 멀

1937년 뤼사크 레 샤토 동굴에서 발견된 1만 7000년 전의 그림. 현대인이나 다름없는 복장이다.

지 않은 한 동굴에서 발견된 석조 유적 출토품의 일부가 소장되어 있다. 손바닥 크기만한 이 유물에는 복잡한 선이 마구 그려져 있는데, 자세히 살펴보면 그 그림은 현대인의 복장을 한 인물이다. 모자, 재킷, 바지, 구두를 신고 콧수염까지 길렀다. 문제는 이 유물이 자그마치 1만 7000년 전의 것이라는 데 있다.

중국 시안의 반포박물관에는 석기시대 유적지에서 출토된 점토판들이 있는데, 점토판에 새겨진 문자가 라틴어 알파벳과 너무도 흡사하다.

아테네의 국립고고학박물관에는 기원전 1세기경 그리스의 안티키테라섬 앞바다에서 침몰된 한 선박에서 건져낸 청동유물의 일부가 전시되어 있다. 1900년경 건져 올린 이 청동유물은 기원전 82년에 제작되었다고 적혀져 있는데, 복잡한 톱니바퀴 구조를 가진 일종의 천문학 계산기와 유사하다.

켐브리지대학의 프라이스 교수는 1971년 이 기계는 태양계의 모든 혹성들의 상대 위치와 시간을 정확하게 표시하는 자동회전식 천구의天球儀라고 주장했다. 그러나 이처럼 톱니바퀴를 이용한 메커니즘이 과학에 응용된 것은 1575년 이후였다. 박물관측은 '이런 종류로서는 유일한 유물'이라고 주장하지만, 그리스의 한 고고학자는 그와 비슷한 유물 40여 점이 그리스의 연구소와 박물관 지하에서 녹슬고 있다고 했다.

페루의 나스카고원 근교에서 발굴된 질그

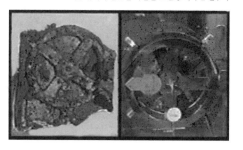

지중해에서 발굴한 기원전 82년경 제작된 천구의

릇은 놀랍게도 오늘날의 증기기계와 흡사하다. 기원전 400년경부터 서기 600년경에 이르기까지 발달된 비쿠스 문명과 비루 문명의 작품으로 알려져 있다.

이집트의 고대도시 단다라(덴데라)에 있는

기원전 400년~서기 600년경의 질그릇. 증기기계와 흡사하다.

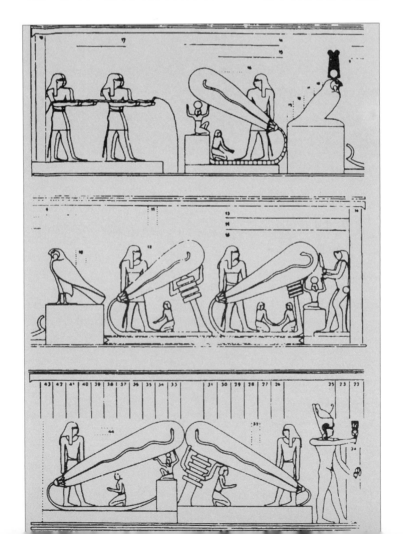

하토르 신전의 벽에는 고대의 조명기구를 그린 것으로 해석할 수도 있을 특이한 벽화가 있다. 이 신전은 프톨레마이오스 왕조시대(기원전 305~30년)에 짓기 시작하여 로마의 티베리우스 황제(재위 14~37년) 때 완성되었지만, 건물이 서 있는 토대는 훨씬 오래전인 제4왕조(기원전 2613~2494년경)까지 거슬러 올라간다.

1964년 스웨덴의 고대사 연구가인 이완 트로에니가 발견한 이 벽화는 신관神官을 앞에 두고 두 명이 무엇인가 바치는 형상이다. 하토르 신전의 지하 1층에 있다.

이집트의 피라미드나 지하 신전에서 풀리지 않는 수수께끼가 여러 가지 있지만 빛이 들어오는 창문이 없다는 점이 가장 주목받고 있다. 어두운 곳에서 벽화를 그리려면 조명이 필요했을 터인데, 천정이나 벽면에 그을음이 전혀 없다는 점에서 횃불도 사

창문이 없는 이집트 피라미드의 비밀을 풀어줄 단서를 쥐고 있는 단다라의 하토르신전 전경(아래 사진).
왼쪽 아래사진은 하토르신전의 벽화. 오늘의 조명기구와 그 모양이 너무나 흡사하다.

용하지 않은 것으로 추정된다. 그렇다면 하토르 신전의 벽화가
보여주는 것처럼 전구를 만들어 사용했을까.

페루의 리마박물관에는 두 마리의 공룡이 그려진 토기가 전시
되어 있다. 용도가 꽃병인 것으로 보이는 이 토기는 기원전 200
년경부터 서기 600년경에 이르는 동안 페루 북부 해안지역인 모
체 계곡에서 발달한 모치카 문명의 것으로 알려져 있다.

1992년 터키의 고고학자들은 이스탄불 토프카피 궁전의 지하
실에서 이집트 미라를 발견했다고 한다. 놀라운 사실은 이 미라
의 상체는 소년이고 하체는 악어였다.

멕시코 팔렝케의 비문의 사원에 있는 한 고분에서 마야의 왕을

멕시코의 팔렝케 사원. 이곳 비문의 사원 고분에서 '오토바이(?)'를 탄 마야왕 부조가 발견되었다.

새긴 부조가 발견되었다. 그
런데 왕이 타고 있는 것이 오
늘날의 오토바이와 아주 흡사
하다. 상체를 앞으로 숙이고
있으며, 양손은 단추인지 레버
인지 모를 무언가를 조작하고
있는 모습이다.

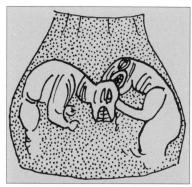

워싱턴의 스미스소니언연
구소와 콜롬비아 보고타의 황
금박물관, 브레멘의 해외박물
관에는 콜롬비아 왕릉에서 나
온 황금셔틀을 보관하고 있
다. 길이 6센티미터, 폭 5센티
미터, 높이 1.5센티미터 크기
의 소형이지만 생김새가 요즘

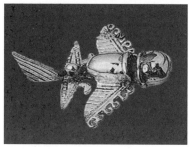

페루 리마의 황금박물관에 있는 꽃병의 공룡 그림(위 사
진), 콜롬비아 왕릉에서 나온 황금셔틀(아래 사진)

의 제트기와 아주 유사하다. 찬찬히 들여다보면, 삼각 주날개와
수평 꼬리날개, 수직 꼬리날개가 있고 풍향계, 조종석, 엔진의 공
기흡입구가 있다. 발견된 곳은 기원전 500~800년경 시누 문명
이 번성하던 곳이다.

독일의 알군트 엔봄, 페터 벨팅, 콘라트 뤼버스 등이 황금셔틀
의 비례대로 비행기를 제작하여 활주능력을 시험해 보았다. 그
결과, 새나 곤충의 그림으로 분류되는 황금셔틀은 탁월한 기체
역학을 선보였다고 한다.

숨겨진 메시지

고고학적 유물과 인정받은 사료, 고문서를 선입견 없이 추적하노라면 인류가 꾸준히 진보해 왔다는 기존의 견해가 반드시 수정되어야 한다는 확신을 얻게 될 것이다.
— 헤르만 빌트

성경은 시대를 초월하는 최장기 베스트셀러이다. 믿는 사람이든 아니든, 일반인이나 신학자, 과학자 등을 가리지 않고 수많은 사람들이 성경을 읽으면서 때때로 의문을 제기해 왔다. 정말 구약은 신이 직접 불러준 것일까. 아니면, 작가들이 선조가 전해준 말씀을 새롭게 조명하여 기록한 작품일까. 만일 사람이 기록한 것이라면 그들은 누구일까.

수천 년을 이어온 이 질문에 수학적 발견 하나가 새로운 빛을 던져주고 있다. 성경에는 교묘하게 코드가 숨겨져 있다는 것이다. 만일 이것이 진실이라면 성서의 기원과 지금껏 우리가 간직해 왔던 인류의 발전에 대한 관념은 근본적으로 수정될 수밖에 없다.

물론 아직까지 최종 결론은 나오지 않았다. 어쩌면 확실한 결론을 내리기 힘들지도 모른다. 그리고 이 문제의 열쇠는 우리가 아니라 미래가 맡아야 할 몫일지 모른다. 하지만 약간의 상상력을 가미한다면 지금이라도 당장 공상과학영화 시나리오를 작성할 수도 있을 것이다. 우리가 알지 못하는 고도의 문명이 먼 옛날 지구를 찾아왔을 가능성, 그리고 수 천 년 전 외계의 지능이 존재했었을 가능성을 풍기면서 말이다.

누가 바이블을 코드화했을까

1997년, 세상을 깜짝 놀라게 할 기사가 신문에 실렸다. 이스라엘 학자들이 모세 5경의 히브리어판인 토라에 일정한 코드가 교묘하게 숨겨져 있다는 사실을 알아냈다는 기사였다. 기사는 만일 이 코드를 찾고 싶다면 토라 원문 단어들을 빈 공간 없이 붙여서 일렬로 배열하라고 적고 있다. 전통적으로 시나이 산에서 하느님으로부터 계시를 받은 모세가 쓴 것으로 되어 있는 토라의 원문을 모두 일렬로 배열하면 30만 4천8백5개의 글자가 되는데, 이 문자 배열에서 의미 있는 단어가 규칙적인 간격을 두고 등장한다는 것이다. 예컨대, '토라'라는 말은 모세 5경 가운데 1권, 2권, 4권, 5권에서 50번째 글자마다 한 번씩 등장하며 3권에서는 '신'이라는 단어가 26번째 글자마다 한 번씩 등장한다고 했다.

사실 성경 코드를 처음 발견한 사람은 이스라엘 학자들이 아니었다. 1950년대 말, 체코 프라하의 랍비 미카엘 베르 웨이스만들이 성경의 숨은 글자를 찾아보다가 창세기 첫 부분에서 50개씩 글자들을 뛰어넘자 '토라'라는 단어가 만들어진다는 사실을 우연히 발견했다. 출애굽기에서도 똑같은 방식으로 '토라'라는 단어를 발견했고, 민수기와 신명기도 마찬가지였다. 하지만 당시

토라를 보관하던 두루마리 통. 사진에서 왼쪽의 것은 1873년, 오른쪽의 것은 1913년에 제작되었다.

그는 재미삼아 시작했던 일이었는지라 자신의 놀라운 발견을 공개하지 않았다.

그 후 그의 제자들이 스승의 업적을 『토라트 헤베드』라는 제목으로 1958년 출판함으로써 세상에 알려지게 되었다. 하지만 그것을 믿은 사람들은 극소수였다.

1980년대에 들어와 이들의 발견을 컴퓨터로 점검해보자는 사람들이 있었다. 1983년 이스라엘 테크니온대학 공학연구소의 모세 카츠 교수가 컴퓨터 전문가인 메나켐 위너와 함께 구약을 집중적으로 연구했다. 그 결과, 주목할만한 몇 가지 사실을 알아냈다. 예를 들어 에스델서 9장을 보자. 여기에는 유대어로 제비뽑기라는 뜻을 지닌 '부림절'의 역사적 기원을 설명하고 있다.

"마침내 아달월, 곧 십이월 십삼일이되었다. 포고령 칙령이 실시되는 날, 유다인들은 결단 내려고 벼르던 원수들이 도리어 유다인에게 변을 당할 날이 온 것이다. 유다인들은 저희를 해치려는 원수들을 치려고 아하스에로스 왕국 각 지방에서 도시로 도시로 모여 들었다. 모든 민족이 다 유다인들을 두려워하고 있는 터였으므로, 아무도 대적하지 않았다. 각 지방 수령과 제후와 총독을 비롯하여 어명을 따라 일을 보는 관리들은 모두 모르드개가 무서워서 유다인 편을 들게 되었다. 그리하여 모르드개는 대궐 안에 있는 모든 사람이 우러르게 되어 그 명성이 각 지방에서 자자했다. 그만큼 모르드개의 세력은 날로 커져갔던 것이다.

유다인들은 원수를 모조리 칼로 쳐 죽이며 닥치는 대로 박살내었다. 유다인들은 수사성에서만도 오백 명을 죽였다. 그 가운데는 바르산다다, 달본, 아스바다, 보라다, 아달리야, 아리다다, 바르

마스다, 아리새, 아리대, 와이자다도 끼어 있었는데, 이 열은 유다인을 박해하려던 함다다의 아들 하만의 아들들이었다. 이렇게 죽이면서도 유다인들은 노략질만은 하지 않았다.

수사성에서 살해된 사망자의 수는 그 날로 왕에게 보고되었다. '수사성에서만도 유다인들은 적 오백 명에다가 하만의 아들 열을 죽여 없앴으니, 이 나라 다른 지방에서야 어떠했겠소?' 하며 왕은 에스델 왕후에게 말하였다. '또 무슨 소청이 있거든 말해 보오. 다 들어 주리다. 무슨 소원이든지 다 이루어 주리다.' 에스델은 이렇게 청을 올렸다. '임금님께서만 좋으시다면, 수사에 있는 유다인들에게 오늘 실시한 칙령을 내일도 실시할 수 있게 해주시고 하만의 열 아들의 시체를 기둥에 매달아 주십시오.'"

에스델 왕후의 소망은 참으로 이상했다. 원수의 열 아들이 죽었다는 소식이 전해졌는데, 왕후는 그들을 다시 한 번 죽일 것을 바라는 것이었다.

카츠 교수는 이 구절의 의미를 오래도록 고민했다. 그러다가 문득 예기치 않은 사실을 발견했다. 하만의 열 아들의 이름 속에 3개의 히브리어 문자, 즉 'taf' 'schin' 'sajin'이란 글자가 등장하는 것이었다. 토라에는 이 세 글자가 다른 글자보다 작은 글씨로 쓰여 있다. 다시 말해 강조를 하고 있는 것이다. 이 세 글자를 합쳐 만들어진 단어는 유대력에서 '1946'을 지칭한다.

흥미로운 사실은 2차 세계대전이 끝나고 뉘른베르크 국제전범재판소에서 사형선고를 받았던 나치 전범 10명을 처형한 날이 1946년 10월 16일이었다. 그리고 원래 사형선고를 받은 사람은 11명이었지만 사형이 집행되기 직전에 괴링이 자살하여 10명만

이 처형되었다. 당시 목격자들의 증언에 따르면, 율리우스 슈프라이허는 사형이 집행되기 직전에 무슨 말을 외쳤는데, 후에 곰곰이 생각해 보니 '부림절 1946!'이라는 말이었다고 한다.

카츠 교수는 10월 16일이 '최후의 심판일'로 유대인 최대 축제 가운데 하나인 '호사나 랍바' 축제일이라는 점에 주목했다. 그리고 과연 이 말이 성경 속에 암호처럼 숨어 있는 단어인지, 아니면 어느 날 갑자기 그 실체가 드러난 고대의 예언인지가 궁금했다.

예루살렘 공과대학의 물리학자 도론 위츠툼의 주도 아래 이스라엘 학자들은 성경 구절을 컴퓨터에 입력시켰다. 그리고 예루살렘 헤브류대학의 수학 교수인 엘리야후 립스는 복잡한 수학공식을 만들어 그 결과를 통계학적으로 검증해 보았다. 그 결과, 성경은 거대한 낱말 맞추기 퍼즐과 같았다. 그리고 1950년대 웨이스만들의 발견 및 카츠 교수의 발견과 일치했을 뿐만 아니라 새로운 사실을 알아냈다. 1994년 「통계과학」지에 실린 이들의 연구를 살펴보자.

우선 서기 800년부터 1900년에 이르기까지의 유명한 이스라엘 랍비 32명의 이름과 생년월일, 사망일을 선별했다. 히브리어에서는 숫자도 하나의 문자로 여기므로 그들의 이름과 생년월일을 갖고 총 1백만 개의 조합을 만들어 냈다. 그 중 99만 9천9백99개는 틀렸고 한 개만이 정확했다. 인물은 『이스라엘의 위대한 인물 백과사전』에서 서술 문장이 긴 순서대로 선별했다.

이제 컴퓨터의 차례였다. 컴퓨터는 몇 시간 동안 문자의 혼란 속에서 주어진 조합과 일치하는 숨겨진 단어를 찾았다. 그리고 마침내 결과가 나올 즈음, 이를 지켜보던 학자들은 피가 얼어붙는 것 같았다. 주어진 조합 중에서 단 하나가 창세기 안의 프로그램을 찾아낸 것이었다. 그리고 그것은 다름 아닌 단 하나의 올바른 조합이었다. 우연의 확률은 6만 2천5백분의 1이었고, 통계학 결과로서는 확신 이상의 수치였다.

지구상에서 가장 첨단 기계인 컴퓨터로도 성경을 코드화할 수 없을 것이라는 것이 위츠툼과 립스의 결론이었다. 그렇다면 그들의 실험은 신의 존재를 입증하는 것일까.

이 문제를 놓고, 학계에서는 전에 없는 큰 파장이 일어났다. 그리고 만일 복잡한 문자코드의 존재가 한 인간의 작품일 수 있다면 문제는 더욱 복잡해지는 것이었다. 어떤 사람이 이렇듯 치밀한 예언을 할 수 있단 말인가.

이스라엘 학자들은 실험 결과에 의문을 제기하면서 재실험을 요구했다. 이번에는 새로운 데이터베이스가 제시되었다. 34명의 다른 랍비의 이름과 생년월일이었다. 하지만 결과는 마찬가지였다. 컴퓨터는 그들의 이름과 생년월일을 암호화된 형태로 찾아냈고, 결과는 통계학적 우연의 확률을 훨씬 넘어섰다.

다른 텍스트를 검색해 보기도 했다. 그 중에는 톨스토이의 『전쟁과 평화』 히브리어판도 있었다. 하지만 일반적인 텍스트에서는 중요한 결과가 전혀 나오지 않았다.

학자들의 혼란은 더욱 커졌다. 그 후 몇 년 동안 저명한 수학자들이 문제점을 찾아보았지만 달라진 것은 하나도 없었다. 결국 세계적인 이스라엘의 수학자 로버트 아우만 교수는 '코드는 완벽한 사실'이라 결론지었고, 하버드대학 수학과의 데이비드 카츠 단 교수는 '그 현상은 진실'이라고 했다. 또 예일대학의 일야 피아테스키 샤피로 교수는 '심각하게 고려해야 할 사실'이라고까지 했다.

처음에 비판적인 눈으로 지켜보던 국립보안국의 비문 분석가인 미국의 수학자 하롤드 갠스마저 할 말을 잃었다. 그는 나름대로 컴퓨터 프로그램을 개발하기까지 한 사람이었다. 하지만 결과는 위츠툼과 립스의 주장을 확인하는 것으로 끝났다. 아주 세밀한 부분까지 검사했지만 털끝만큼의 오류도 발견할 수 없었다. 그는 자신의 연구결과를 어느 학술지에 게재해 달라고 부탁했는데, 편집진으로부터 거절당하는 수모까지 겪었다. 성경에 코드가 존재한다는 사실은 이미 과학적으로 증명되었으며 갠스의 글은 동일한 현상에 대한 또 다른 예증에 불과하다는 게 편집진의 답변이었다.

1997년 6월, 위츠툼과 립스는 전 세계 언론에 자신들의 연구 사실를 공개했다. 그리고 토라에 그것을 기록할 당시에는 아직 태어나지 않았던 랍비들의 생년월일과 출생 장소가 나와 있다면, 미래를 예언하는 또 다른 구절을 찾아낼 수 있지 않을까 하는 생각을 했다면서 그 결과 또한 공개했다. 위츠툼의 말을 들어 보자.

"우리는 '아우슈비츠'라는 단어를 선별하여 컴퓨터가 찾아낸 코드화된 모든 단어의 목록을 컴퓨터로 작성했다. 그리고 아우슈비츠의 서브캠프 이름을 전부 컴퓨터에 입력한 후 다시 컴퓨터로 이름을 찾아보았다. 통계학적으로 보면, 이 이름들은 텍스트 전체에 산재해 있어야 하지만 아우슈비츠라는 단어 바로 근처에 모두 모여 있었다. 놀라운 일이 아닐 수 없었다."

당시 두 사람은 언론을 통해 자신들의 발견이 잘못 쓰여지거나 악용되어서는 안 된다는 말을 덧붙였다. 왜냐하면 실제로 그런 사례가 있었기 때문이었다.

미국 「워싱턴 포스트」지와 「월스트리트 저널」지에서 기자로 일했던 마이클 드로스닌이 1997년 펴낸 저서 『바이블 코드』에서 성경 코드를 이용하면 미래를 예언할 수 있다고 주장하면서, 이스라엘의 이츠하크 라빈 수상의 암살조차 이런 방법으로 예언되어 있었다고 주장했던 것이다. 이에 대해 위츠툼과 립스는 성경의 코드 자체만으로 마치 미래의 모든 것을 정확히 예언할 수 있다는 드로스닌의 주장은 과학적 근거가 전혀 없다고 일축했다. 성경 코드를 인정해준 점은 고맙지만 그들이 발견한 사실의 과학적 신빙성이 위협받을 수도 있다는 이야기이다.

사실 드로스닌은 통계학적으로 중요한 표본 문자와 어떤 책에서라도 발견할 수 있는 우연의 단어를 구분하지 않았다. 드로스닌의 방법을 이용하면 라빈의 암살은 그 예언 사실을 확인할 수 있었지만 영국의 윈스턴 처칠 수상까지도 살해되었다는 결론이 나오는데, 처칠 수상은 자연사하지 않았던가. 그렇더라도 성경 코드의 발견을 전 세계에 알린 노력은 드로스닌의 공이 아닐까 생각된다.

한편, 드로스닌의 책은 또 다른 이유에서 학자들의 반발을 샀다. 성경 코드라는 소식을 들었을 때, 대부분의 사람들이 가장 먼저 떠올리는 의문을 드로스닌 역시 부딪칠 수밖에 없기 때문이다. 만일 성경의 코드가 사실이라면 과연 신은 존재하는가. 그리고 그 코드 뒤에 악마의 이름을 한 그 누군가가 숨어 있는 것은 아닐까. 이에 대해 드로스닌은 자신의 저서에서 다음과 같이 적고 있다.

"성경 코드의 존재가 입증되었다고 해도 신이 존재한다는 증거는 없다. 성경 코드가 실제로 전지전능한 신의 작품이라면 신은 미래를 예언할 필요가 없다. 신이라면 미래를 자기 뜻대로 바꿀 수 있지 않은가. 성경 코드가 증명한 사실이 있다면 그것은 적어도 성경을 쓸 당시 비인간적인 존재가 존재했다는 것뿐이다."

그런가 하면, 외계인이나 타임머신을 타고 온 미래의 인간이 성경의 코드를 만들었을 가능성은 없는가 라는 질문이 제기되기도 했다. 이에 대해 드로스닌의 답변은 지극히 외교적인 발언이었다.

"당연히 그 가능성에 대해서도 생각해 봤다. 하지만 나는 기자로서 사실에만 관심을 갖는다. 사실은 코드가 있고 누군가 그것을 만들어 낸 존재가 있다는 것뿐이다. 그 뒤에 누가, 무엇이 숨어 있는지는 모른다."

오늘날 드로스닌의 책은 출판사의 막강한 광고전략 덕택에 베스트셀러가 되었다. 반대로 성경 코드의 개척자라 할 수 있는 모세 카츠 교수는 1996년 성경 코드를 다룬 책 한 권을 출판했지만 거의 주목을 받지 못했다. 말하자면 드로스닌에게 수많은 정보를 제공했으면서도 정작 본인은 손해를 본 셈이다.

'미스터리 박물관' 설립을 위하여

통 브뤼네는 "선사시대연구소는 이미 오래전에 있어야 했다. 지금까지 이 분야의 연구를 좌지우지했던 보수적인 학자들의 영향을 받지 않는 연구소가 필요하다. 그리고 능력과 선견지명을 갖춘 진취적인 사람들이 주도해야 한다"고 말했다.

1997년 말, 그리스에서는 기원전 4500~3200년 선사시대의 황금유물 54점이 해외로 반출될 뻔한 사건이 있었다. 범인들이 받으려 했던 금액은 무려 3백만 달러. 마지막 순간에 경찰에 검거되어 다행히 무산되었지만, 우리가 주목하는 점은 그 어떤 고고학자도 그 유물의 존재를 알지 못했다는 사실이다. 만일 이들의 거래가 성공했거나 애당초 일어나지 않았다면 그 유물의 존재는 영원히 세상에 알려지지 않았을 것이다.

얼마나 많은 유물이 남몰래 개인의 수집품으로 전락되고 있을까. 전 세계의 곳곳에서 발굴되는 모든 유물들을 우리가 알 수 있을까. 아무리 알려고 애쓴다고 해도 우리의 귀에까지 전해진다는 보장은 없다. 논란이 될 만한 유물일수록 샛길로 빠져버릴 가능성이 높다.

물론 그들 유물 중에는 상당수 모조품도 있을 수 있다. 그리고 의도적으로 빼돌리지 않더라도 실수로 사라진 것도 꽤나 많을 것이다. 하지만 현실은 이와 정반대이다. 이 책에서 언급된 유물을 다시 한번 짚어보자.

버로우스 동굴에서 출토된 유물은 상당수가 개인 수집가에게 팔렸고 그 중 몇몇은 완전히 사라지고 말았다. 에콰도르에서 크레스피 신부가 수집한 유물들은 쿠엔카 살레시오수도원의 지하실에 방치되어 있다. 미시간에서 출토된 동판은 모르몬교의 사원에 보관되어 있고, 아캄바로에서 출토된 토우들은 멕시코 당국의 지시에 따라 창고에서 먼지를 뒤집어쓴 채 방치되어 있다. 프랑스 글로젤의 유물은 현재 어떻게 되었는지 아무도 모르고, 아이우드의 금속 받침대는 루마니아의 어느 연구소에 소장되어 있지만 그 이름을 알지 못한다. 마지막으로 코소산의 유물은 몇 십 년 전부터 행방이 묘연한 상태이다.

사실 유명한 고고학 발굴이나 연구에 지출되는 돈의 극히 일부만 있더라도 이들 문화유산은 어렵지 않게 구할 수 있을 것이다. 그리하여 미래의 학자들과 일반인들이 그것들을 보고 연구할 수 있을 것이다.

지금이야말로 사고를 전환해야 할 때이다. 지금은 풀리지 않은 수수께끼에 불과하더라도 새로운 깨달음을 통해 내일 그 의미가 파악될 수도 있지 않을까. 지금의 지식이나 우리 능력으로서는 설명이 불가능한 미스터리 유물을 한데 모아 연구하는 박물관이 아쉽다. 전시유물 소개 팜프렛이 몽땅 의문부호로 가득 찬다고 해도 그것을 당연시 여기는 책임자, 기존 학계의 정설이나 통설에 얽매이지 않는 연구진, 그리고 중요하지 않은 유물은 전시하되 흥미로운 유물은 지하실에 보관하는 박물관 운영방식이 아쉽다. 그런 박물관이 하나만 있더라도 우리들은 크게 기뻐하고 만족할 것이다.

왜 새로운 학설이나 기존 통설에 반박하는 글 또는 대안을 제시하는 고고학 잡지 또한 없는 것일까. 논란이 많은 주제도 과감하게 게재해 줄 수 있는 전문지가 아쉽다. 일반인들도 이해할 수 있는 쉽고 명확한 말로 쓰여진 전문지를 원한다. 그래도 몇몇 잡지들이 개인의 노력으로 발간되고 있음은 다행이다.

마지막으로 한 마디만 덧붙이고자 한다.

그리스의 황금유물 밀반출 사건이 경찰 노력으로 종료되는 그 시점에 미국의 전문지 「고고학」은 인터넷 페이지에다가 온두라스 북동쪽 모스키도 해변을 촬영한 위성사진에서 밀림 속에 숨어 있는 특이한 기하학적 구조물을 발견했다는 기사를 게재했다. 발견한 사람은 스티브 엘킨스와 론 블롬이었다.

그러나 그들은 도굴 가능성을 이유로 정확한 위치를 아직까지 공개하지 않고 있다. 이에 대해 고고학계는 두 사람의 비과학적인 태도를 비난하고 있는데, 과연 누가 그들의 불신을 탓할 수 있는지 묻고 싶다.

참고문헌

Acambaro Revisited, in: The *INFO Journal*, Nr. 2/1973.

Ältester Urmensch Asiens entdeckt, in: *Basler Zeitung* vom 22. 11. 1995.

Alte Speere in der Braunkohle, APA-Meldung vom 27. 2. 1997.

Alvarez, *Ximena Lasso: Brief an den Autor* vom 29. 1. 1998.

Backscatter: Letters to the Editor, in: *The Anomalist*, Nr. 5/1997.

Bäsemann, Hinrich: Neandertaler mit Geist und Kultur, in: *Die Welt* vom 5. 8. 1995.

Belting, Peter, Eenboom, Algund, und Lübbers, Conrad: Antike Flugtechniken, in: *Wissenschaft ohne Grenzen*, Nr. 1/1998.

Bergier, Jacques: *Extraterrestrial Intervention*, Chicago 1974.

Blinkhorn, Jorge E.: Un verdadero mundo subtérraneo en America, in: *El Telegrafo* vom 28. 9. 1969.

Botschaft vom Unbekannten, in: *Der Spiegel*, Nr. 12/1973.

Braten selbst erlegt, in: *Der Spiegel*, Nr 11/1997.

Brinker, Helmut, und Goepper, Roger: Kunstschätze aus China, Zürich 1980.

Brunés, Tons: *Rätsel der Urzeit*, Zug 1977.

Bürgin Luc: *Mondblitze*-Unterdrückte Entdeckungen in Raum-fahrt und Wissenschaft, München 1994. *Irrtümer der Wissenschaft-Verkannte Genies*, Erfinderpech und kapitale Fehlurteile, München 1997. Den heiligen Hain entdeckt, in: *Basler Woche* vom 6. 3. 1998.

Burrows, Russell: Briefe an den Autor vom 15. 9. 1997, 16. 9. 1997, 17. 9. 1997 und 9. 12. 1997.

Burrows, Russell, und Rydholm, Fred: *The Mystery Cave of Many Faces*, Marquette 1992.

Charroux, Robert: *Histoire inconnue des hommes*, Paris 1963.

Chevalier, Remy: I See Dots!, in: *World Explorer*, Nr. 6/1995.

Childress, David Hatcher: Smithsoniangate, in: *World Explorer*, Nr. 3/1993. Are

Dinosaurs Extinct?, in: *World Explorer*, Nr. 4/1994. Lake Monsters Still Survive, in: *World Explorer*, Nr. 7/1996.

Clottes, Jean, und Courtin, Jean: *Grotte Cosquer*, Sigmaringen 1995.

Colani, Madeleine: *Mégalithes du Haut-Laos*, Paris 1935.

Coleman, Loren, und Raynal, Michel: De Loys's Photograph, in: *The Anomalist*, Nr. 4/1996.

Corliss, William R.: *Ancient Man: A Handbook of Puzzling Artifacts*, Glen Arm 1978. *Science Frontiers: Some Anomalies and Curiosities of Nature*, Glen Arm 1994.

Cremo, Michael A., und Thompson, Richard L.: *Forbidden Archaeology*, San Diego 1993.

Däniken, Erich von: *Aussaat und Kosmos*, Düsseldorf 1972. Die Entlarvung der Entlarver, in: *Ancient Skies*, Nr. 1/1985. *Zeichen für die Ewigkeit*, München 1997. Das Erbe der Götter, München 1997.

Das Weltphänomen Erich von Däniken, Düsseldorf 1973.

Der Schatz im Quecksilbersee, in: *Neue Zürcher Zeitung* vom 2. 12. 1997.

Deyermenjian, Gregory: Searching for Paititi: The Last Incan City, in: *World Explorer*, Nr. 2/1992. *Expedition Report: The 1996 Pyramids of Paratoari/Pantiacolla Expediton*, Watertown 1996/1998. Brief an den Autor vom 5. 1. 1998.

Dimakopoulou, Aikaterini: Brief an den Autor vom 16. 10. 1997.

Dinosaur Caught on Film?, in : *Fortean Times*, Mai 1996.

Drosnin, Michael: *Der Bibel-Code*, München 1997.

Ercivan, Erdogan: *Das Sternentor der Pyramiden*, München 1997.

Erste Steinwerkzeuge menschlicher Vorfahren gefunden, SDA-Meldung vom 27. 4. 1995.

Ewe, Thorwald: Neue Spuren von unseren Urahnen, in: *Bild der Wissenschaft*, Nr. 11/1995.

Fawcett, Percy H.: *Geheimnisse im brasilianischen Urwald*, Zürich 1953.

Feder, Kenneth L.: *Frauds, Myths, and Mysteries: Science and Pseudoscience in Archaeology*, Mountain View 1990.

Fiebag, Johannes: Neue Entdeckungen in Bolivien und Peru, in: *Ancient Skies*, Nr. 3/1995.

Briefe an den Autor vom 14. 11. 1997 und 16. 11. 1997.

Friend, Tim: Ancient Hunters Traced in Amazon, in: *USA TODAY* vom 19. 4. 1996

Gardner, Erle Stanley: Acambaro Mystery, in: *Desert Magazine*, Oktober 1969.

Gheorghita, Florin: Das Objekt von Aiud, in: *Ancient Skies*, Nr. 3/1992. Briefe an den Autor vom 6. 11. 1993, 23. 11. 1993 und 20. 12. 1993. Leserbrief, in: *Magazin 2000*, Nr. 5/1996.

Groth, Klaus-Ulrich: Brief an den Autor vom 20. 10. 1997.

Haas, Herbert(u.a.): Radiocarbon Chronology and the Historical Calendar in Egypt, in: *Chronologies in the Near East*, BAR International Series 379, Lyon 1987.

Hall, E. T.: The Glozel Affair in: *Nature*, Nr. 257/1975.

Hansen, Evan: Briefe an den Autor vom 2. 12. 1997.und 2. 1. 1998.

Hapgood, Charles H.: *Earths Shifting Crust*, London 1959.

Harrington, Spencer: Greek Gold Seized, in: *Archaeology*, Nr. 1/1998

Hausdorf, Hartwig: Neues von den High-Tech-Funden aus Ruβland, in: *UFO-Kurier*, Nr. 37/1997. Brief an den Autor vom 14. 9. 1997 Eiszeitliche Nanotechnik, in: *Ancient Skies*, Nr. 2/1998.

Hausdorf, Hartwig, und Krassa, Peter: *Satelliten der Götter*, München 1995.

Hesemann, Michael: Ich fand das Objekt von Aiud, in: *Magazin 2000*, Nr. 108/ 1996.

Heuvelmans, Bernard: Note préliminaire sur un spécimen conservédans la glace ···, in: *Bulletin de l' Institut Royal des Sciences Naturelles de Belgique*, Nr. 4/1969. *L'homme de Néanderthal est toujours vivant*, Paris 1974. *Le grand serpent-de-mer*, Paris 1975. *Les derniers dragons d'Afrique*, Paris 1978. *Les bêtes humanies d'Afrique*, Paris 1980.

Hitz, Hans-Rudolf: *Les inscriptions de Glozel: Essai dé dechiffrement de lécriture, Teil I.*, Ettingen/Basel 1997. Les inscriptions de Glozel: Essai de déchiffrement de l'écriture,Teil II.,Ettingen/Basel 1998.

Homet, Marcel: Söhne der Sonne, Olten 1958.

Homo erectus baute Schiffe, in: *Facts*, Nr. 11/1998.

Homo-Gattung älter als angenommen, APA-Meldung vom 20. 11. 1996.

Hubbard, Harry: Briefe an den Autor vom 22. 10. 1997, 23. 10. 1997, 27. 10. 1997, 6. 11. 1997, 7. 11. 1997, 13. 11. 1997, 17. 11. 1997, 21. 11. 1997, 23. 11. 1997, 19. 12. 1997 und 15. 1. 1998.

Inka und Vorläuferkulturen-Sammlung Carmen Oechsle, Austellungskatalog, Zürich 1990.

Irwine, Constance: *Kolumbus kam 2000 Jahre zu spät*, München 1968.

Jean, Gérard: Sur la piste de l'abominable homme des neiges, in: Anomalies, Nr.

3/1997.

Joseph, Frank: *The Lost Pyramids of Rock Lake*, St. Paul 1992. Wisconsin's Drowned City of the Dead, in: *Ancient American*, Nr. 14/1996. Ancient Wonders of Japan, in: *Ancient American*, Nr. 17/1997.

Underwater City Discovered in Japanese Waters! in: *Ancient American*, Nr. 17/1997. Briefe an den Autor vom 31. 8. 1997 und 6. 9. 1997.

Juyou, Fu, und Songchang, Chen: *The Cultural Relics Unearthed from the Han Tombs at Mawangdui*, Changsha 1992.

Kass, Robert E.: Brief an den Autor vom 15. 8. 1997.

Katz, Moshe: *Computorah*, Jerusalem 1996. Brief an den Autor vom 19. 9. 1997.

Kimura, Masaaki: *A Continent Lost in the Pacific Ocean*, Japan 1997. Brief an den Autor vom 14. 11. 1997.

Kirchner, Gottfried: *Terra-X: von Mallorca zum Ayers Rock*, München 1997.

Kohlenberg, Karl F.: *Enträtselte Vorzeit*, München 1970.

Koldewey, Robert: *Das wieder erstehende Babylon*, Leipzig 1913. *Das Ischtar-Tor in Babylon, nach den Ausgrabungen durch die deutsche Orient-Gesellschaft*, Leipzig 1918.

Kolosimo, Peter: *Unbekanntes Universum*, Wiesbaden 1976.

Kuckenburg, Martin: Warum besiedelte der Mensch die Erde?, in: *Universitas*, Nr. 1/1995.

Langbein, Walter-Jörg: *Bevor die Sintflut Kam*, München 1996.

LeFevre, Don: brief an den Autor vom 15. 12. 1997.

Lee, Laura: China's Secret Pyramids, in: *Atlantis Rising*, Nr. 11/1997.

Ley, Willy: *Drachen, Riesen*, Stuttgart 1953.

Liris, Robert(u.a.): *Glozel-Les Graveurs du Silence*, Villars 1994.

Loys, François de: A Gap Filled in the Pedigree of Man?, in: *The Illustrated London News* vom 15. 6. 1929.

Matson, Dave E.: *How Good Are Those Young-earth Arguments?*, Pasadena 1994.

May, Wayne: Why a Special Report about the Mystery Cave?, in: *Ancient American*, Nr. 16/1997. Interview with Harry Hubbard, the Main in Search of a Lost Tomb, in: *Ancient American*, Nr. 16/1997.

McKerrell, Hugh(u.a.): Thermoluminescence and Glozel, in: *Antiquity*, Nr. 192/1974.

Mehler, Stephen: J. O. Kinnaman, in *World Explorer*, Nr. 7/1996.

Menon, Shanti: The New Americans, in: *Discover*, Januar 1997.

Mertz, Henriette: *The Mystic Symbol*, Gaithersburg 1986.

Michalik, Marc: Brief an den Autor vom 4. 1. 1998.

Miller, Marc, und Miller, Khryztian: in Search of Loys' Giant Ape of South America, in: *World Explorer*, Nr. 2/1992.

Montandon, George: Découverte d'un singe d'apparence anthropöide en Amérique du Sud, in: *Journal de la Société des Américanistes de Paris*, Nr. 21/1929.

Nachtigall, Horst: *Die amerikanischen Megalithkulturen*, Berlin 1958.

Napier, John: *Bigfoot*, London 1972.

Nolane, Richard D.: *Sur les traces du Yéti, 1993(ohne Ortsangabe) Pekingmensch ist 100000 Jahre älter*, APA-Meldung vom 2. 5. 1996.

Pingel, Volker, und Song, Baoquan: Über die Einsatzmöglichkeiten moderner Lufrbildarchäologie, in: *Rubin*, Nr. 1/1995.

Prause, Gerhard: Spuren der Geschichete, Müchen 1991.

Preuschoft, Holger: *Müssen die Anfänge der Phylogenese der Hominiden revidiert werden?*, unveröffentlichtes Vortragsmanuskript, Bochum 1991. Brief an den Autor vom 29. 11. 1997.

Primitive Vorfahren des Menschen in China gefunden, APA-Meldung vom 5. 4. 1996.

Reinecke, Andreas: Die Blumentöpfe vom Tranh-Ninh-Plateau, in: *Damals*, Nr. 2/1994. Die Steingefäße in der Hochebene von Xieng Khoang in Laos, in: *Das Altertum*, Vol. 40/1994.

Riesman, David: Glozel, a Mystery, in *Science*, Nr. 72/1930.

Risi, Armin: War die Vergangenheit des Menschen ganz anders, als heute gelehrt wird?, in: *Magazine 2000*, Nr. 3/1997.

Roosevelt, Anna: Paleoindian Cave Dwellers in the Amazon, in: *Science*, 19. 4. 1996. Amazonian Indians: From Prehistory to the Present, in: *American Anthropologist*, Nr. 1/1996.

Rybnikar, Horatio: *Tomb Chronicles*, Melbourne 1996.

Pay no Attention to that Man behind the Curtain!, in: *Ancient American*, Nr. 16/1997.

The Greatest Discovery in the History of Archaeology, in: *Ancient American*, Nr. 16/1997.

Sanderson, Ivan T.: *Investigating the Unexplained*, Englewood Cliffs 1972.

Sarre, François de: Krypto-Tier von einer prähistorischen Grotte, in: *Magazin für Grenzwissenschaften*, Nr. 6/1993.

Satinover, Jeffrey: *Cracking the Bible Code*, New York 1997.

Schaffranke, Paul: Why Alexander's Tomb Is in Illinois, in: *Ancient American*, Nr. 16/1997.

Scherz, James P.: Briefe an den Autor vom 24. 8. 1993 und 10. 9. 1997.

Scherz, James P., und Burrows, Russell: *Rock Art Pieces from Burrows' Cave*, Marquette 1992.

Schuster, Angela: *Secrecy Surrounds Search for Mysterious Maya City*, Archaeology Online News vom 27. Oktober 1997.

Shuker, Karl P.N.: *Weltatlas der rätselhaften Phänomene*, Bindlach 1996.

Siefer, Werner: Ein Leonardo der Steinzeit, in *Focus*, Nr. 26/1995.

Spielten Neandertaler schon Flöte?, in: *Basler Zeitung* vom 10. 4. 1996.

Splitter von Ei, in: *Der Spiegel*, Nr. 3/1995.

Stöcklin, Stefan: Das rätselhafte Ende der Nenadertaler, in: *Basler Zeitung* vom 5. 7. 1996. Gesucht: Wie sah der Erfinder des ersten Werkzeugs aus?, in: *Basler Zeitung* vom 5. 2. 1997.

Thiermann, Ursula: The Dots of Pantiacolla, in: *South American Explorer*, Nr. 1/1997.

Dots Update, in: *South American Explorer*, Nr. 2/1978.

Tianchou, Fu: *Die unterirdische Tonarmee des Kaisers Qin Shi Huang*, Beijing 1988.

Tierney, John T.: Real Live Jurassic Park, in *World Explorer*, Nr. 4/1994. Pseudo-scientific Attacks on Acambaro Artifacts, in *World Explorer*, Nr. 4/1994. Acambaro Artifacts Validated, in: *World Explorer*, Nr. 9/1997.

Trento, Salvatore M.: *Field Guide to Mysterious Places of Eastern North America*, New York 1997. *Field Guide to Mysterious Places of the Pacific Coast*, New York 1997.

Update on the Egyptians of the Grand Canyon, in: *World Explorer*, Nr. 5/1994.

Uvarov, Valery: Brief an den Autor vom 25. 2. 1998.

Vialou, Denis: Brief an den Autor vom 26. 2. 1998.

Wälterlin, Urs: Einblick in die Urzeit Australiens, in: *Basler Zeitung* vom 23. 9. 1996.

Wallace, William: Pottery Puzzle, in: *Fate*, Mai 1989.

Wendt, Herbert: *Ich suchte Adam*, Hamm 1954.

Whitcomb, Ben: The Lost Pyramids of Rock Lake, in: *Skin Diver*, Januar 1970.

White, John, und Moseley, Beverley: Burrows' Cave: Fraud or Find of the Century?, in: *Ancient America*, Nr. 2/1993.

Wild, Hermann: *Technologien von gestern: Chancen für morgen*, Bern 1996.

Willkins, Harold T.: *Mysteries of Ancient South America*, London 1946.

Willis, Ronald J.: The Coso Artifact, in: *The INFO Journal*, Nr. 4/1969. The Acambaro Figurines, in: *The INFO Journal*, Nr. 2/1970.

Wir fanden die Wiege der Menschheit, in: *La Plata Ruf*, Dezember 1969.

Witztum, Doron, Rips, Eliyahu, und Rosenberg, Yoav: Equidistant Letter Sequences in the Book of Genesis, in: *Statistical Science*, Nr. 3/1994.

Zillmer, Hans-Joachim: *Darwins Irrtum*, München 1998.

고고학의 기밀문서

루크 베르긴 지음 | 장혜경 옮김

펴낸곳 | 도서출판 사람과 사람
펴낸이 | 김성호

제1쇄 발행 | 2001년10월 1일
제4쇄 발행 | 2005년11월10일

등록번호 | 제1-1224호
등록일자 | 1991년 5월 29일
주소 | 서울 마포구 망원동 458-84 2F(우 121- 230)
대표전화 | (02)335-3905~6 팩스 | (02)335-3919

값은 표지 뒷면에 있습니다

ISBN 89-85541-67-6 03900